◎揚智叢刊◎

道與中國文化

滕守堯／著

序言

與整個同時代人一樣，筆者曾於八年前，滿懷著對西方美學和藝術的嚮往和好奇，帶著中西美學藝術比較的課題，來到西方進修和訪問。極爲奇特的是，一旦踏上這塊異國土地，親眼目睹和親身感受到他國的文化，並從一段遠距離（包括心理上的距離）來張望故國時，卻不由自主地對故國文化備加關切起來。必須承認，我在寫這本書的時候，絕大多數時候是以一個孩子的好奇眼光，從遠距離去看待中國文化的。就像是從月球上看到了地球和地球上的長城，她的豐富常常讓人目不暇接，她的美麗讓人眼花撩亂，她的魅力讓人目不轉睛，她的深奧令人無限嚮往。在經過了一段時間的學習和比較之後，我深深地感到，中國古代思想和文化，的確是世界思想文化之林中一隻美麗的鳳凰。她獨樹一幟，不同凡響，在歷史上達到的高度，是今人（包括現代的中國人）無法企及的；她在二、三千年前發出的聲音和描述的畫面，至今還能引發世界上最有頭腦的思想家和哲學家們的苦苦思索，她引起現代人的重視乃是一件必然的事情。中國文化如此豐富，她的根基到底在那裏？這正是本書要探討的問題。

目錄

導論：文化之道在於無價之價

世界上有些東西是有價格的，有些東西是無價格的。文化產品也許是有價格的，但文化本身是沒有價格的。文化之所以是文化，就是因爲它與一切功利性活動正好相反，中國早期文化的非功利性恰好說明了這一點。

中國，她在西方那些工業大亨和商人眼裏，也許是當代貧窮落後者的代表，然而在那些眞正有文化的西方人眼裏，她卻代表著另一個星球和另一種智慧。她在文化遺產方面的富有，常常使西方哲人驚嘆不已，留戀忘返。西哲對中國文化的折服，可以從哥德的一句話中見出：「當我們的祖先還在叢林裏生活的時候，他們已經有小說了呢。」奧斯卡・王爾德的話更加坦率：「老實說，我在《莊子》一書中見到了一種我從未遇到過的、對現代生活最尖銳和最苛刻的批評。」又說：「那些對中國文化略知皮毛的英國人如果認眞地讀一讀《莊子》，就會吃驚得發抖的……看到《莊子》那摧毀性的批評及其罕有的巨大力量，我們英國人的民族自傲心便會立即消失。」

我們不禁要問：中國文化中的那些東西震撼了一代代西方思想家哲人？究竟中國文化中的什麼東西使西方某些現代的學者入迷？是中國文化與西方文化之間有那些相同和那些不同？對這些問題作出回答是非常有意義的。我認爲，要回答這一問題，就必須從中國文化的根源上尋找。尋根並不一定要追溯到迷茫的遠古，有時候直接面對其高峰期的哲學思想，倒更容易把握到她的眞實脈搏。中國哲學的高峰期當然是先秦諸子時代，多數研究中國文化的人都願意承認，這是一個在哲學、政治、思想、文化諸方面均十分活躍的時代，也是中國本土文化走向成熟的時代。

海內外許多中國文化研究者們認爲，中國文化的眞正代表，乃是先秦時代最爲活躍的孔孟儒學；另有人認爲，當時道家思想亦很活躍，作爲中國文化之根，它也許更粗壯些；還有一些看法認爲，中國文化之根，既非先秦之儒家，亦非當時之道家，而是儒道的互補，這最後一種看法自然是最全面的。但是本文作者認爲，對於「互補」要有一個正確的理解：互補不僅是二者的一唱一和或默契合作，對於先秦的儒家和道家來說，二者的互補大量表現在當時道家對儒家的經常提醒、批評和懷疑，使其強烈的功利性不能任意地和無限制地氾濫。本文作者認爲，在研究中國文化時，這一點是萬萬不能忘記和忽視的，因爲中國本土文化的最輝煌處，它的眞正形成和它以後的任何點滴進展，都無不與道家對儒家的懷疑、批評與嘲弄有關。更具體地說，如果孔子的《論語》等經典是對中國文化思想的正面闡述，老子的《道德經》和《莊子》等書籍則代表著對它的一種批評和懷疑。而這種懷疑和批評的焦點，可歸結爲「什麼是文化」？

有人會說，不管是老子或孔子，都沒有專門提出過「文化」這個字眼，他們何以就文化的問題產生分歧？「文化」一詞的確不見中國老莊和孔子的經典，老莊之後的某些典籍中出現的「文化」一詞，也與現今世界流行的文化含義不同。西文中的文化，即「CULTURE」，其古義爲「農耕和開墾」；它的引申義爲，當人類由狩獵生活轉向農耕生活時，其秉性發生了質的飛躍。相對於狩獵人，他性格軟化了，他的生活過程化也審美化了，他的趣味多樣化也微妙化了。我認爲，中國古代典籍《詩經》，對農耕時代人的特色作了最生動、最具體的披露。（對此，我在本書正文中已經作了詳細描述。）爲什麼會發生如此大的變化，關鍵在於，農耕人的生產方式使他比狩獵人有了更多的儲蓄和空閒，使其急功近利之心大大削減。也就是說，其文化特性來自於農耕人特有的「無爲」和「非功利性」特徵。這一點和道家的見解不謀而合。

先秦道家不僅總結了人類這些美好的文化特性，而且提出了保存和發展這些特性的構想，認爲保存它們的關鍵就是「無爲而爲」，只有做到「無爲而爲」才能使生活和道同一，使人類把這個美好的生活過程本身看作是他的最終目的，而且認識到除此之外不會再有別的目的。儒家雖然也注意到了這些美好的東西，但是它認爲在這些美好的東西之外，還有更重要的東西，就是他們經常說的齊家、治國、平天下等，而上面所提到的那些農耕人的文化特性，只不過是達到這種更具體的功利性目的的手段。正如道家批評的，當儒家提倡人應該成為仁者，成為「文質彬彬，然後君子」時，當它教誨人們要做到「毋意、毋忘、毋必、毋我」時，並不是看到了這些文化特性自身的價值，而是看到它們對實現一種更大的功利性目的的作用。對於儒家來說，不言利不等於不想得到利，而是想得到更大的利。

與孔孟相反，老子和莊子則是農耕時代所形成的那種文化的堅強衛護者。老子《道德經》八十一章，幾乎章章都涉及到對這種文化的解釋。老子說的「道」，包含著對人如何使自己生活過程化或線條化的說明；他的「上善若水」等，包含了對人如何才能「軟化」自己個性的說明；他所說的「五色令人目盲，五音令人耳聾，五味令人口爽」，是要人們不要讓色、音、味等東西把自己引導到追求更多功利的方向上去，只有將它們與功利追求的活動分開，人才能感受到他們自身的趣味。老莊一方面對這種文化作了有力的正面闡述，另一方面又對儒家主張的反文化實質給予有力的駁斥。老莊清醒地看到，由於儒家思想迎合了人性的弱點，會很容易得到人們的擁護，並廣泛地推廣開來，然而越是這樣，這種學說的危害性也就越大。等到這種思想在整個社會得到全面普及時，人人便進入了「以錯爲對」的黑白顚倒狀態。針對這樣一種嚴重的異化趨勢，老子提出了「反者道之動」的徹底懷疑主義原則。這個原則的主旨就是，既然一切都被顚倒了，就要有意識地把一切再顚倒過來。換句話說，越是聖人和衆人認爲理所當然的事情，就越值得懷疑；越是對那些權威的、無比確定的和不容置疑的東西大膽懷疑，人就越能接近「道」的自然境界。在這個黑白顚倒的社會裏，當大多數人都說某事是正確的時候，那就意味著那件事很可能錯了；而當他們認爲某件事情錯誤時，它就很可能是正確的。這不僅使我們想起了中國神話傳說中的黃河鯉魚，這種鯉魚經過頑強地逆水而游，才使自己發生了質的改變，最後跳過龍門，成爲神龍。這正是老莊代表的懷疑精神的生動寫照。

現代的許多中國人，開口閉口以龍的傳人自居，卻弄不清龍是如何成龍的。其實，眞正能代表中國文化的，是由黃河的鯉魚變成的龍，而不是在皇帝宮殿中看到的那些有著固定模式和確定功能（象徵皇權）的龍。黃河的鯉魚之所以能轉變成龍，就在於牠有一種鍥而不捨的「反」的精神，並在「反」的過程中積聚了力量，成爲一種超然脫俗的存在，而這也正是中華文化的核心所在。

1 文化的含義

文化的一般含義

文化是什麼？在不同的思想家時期有不同的解釋和不同的定義。本世紀以來，人們對於文化問題備加關注，有關文化的著述層出不窮。人們從各個不同的角度去研究文化，賦予它以種種不同的含義，在此不能一一列舉。如果我們將各種不同意見加以綜合和簡化，可以得出關於文化這樣一種較具普遍意義的看法：所謂文化，乃是在一部分人中普遍具有的某種期望、表達、價值（評價）、日常習慣行爲和審美欣賞行爲的模式，表現爲該文化圈內的所有人在與種種客觀現實和主觀構想打交道時的自動反應，或者說，是這些自動反應的參考構架和源泉。在文化的這樣一種含義中至少包含著下述四點意思：

㈠ 文化是由人創造的；

㈡ 文化又反過來爲那些屬於該文化模式的人提供了與客觀現實和主觀構想打交道的普遍模式。這裏的「打交道」包含著對客觀現實和主觀構想作出調整、操縱、反應和響應等；

㈢ 這些操縱、調整或反應等或多或少都是自動的，所以經常和人的那些非文化的本能行爲和自然秉性相混淆。文化本是一種由人創造出來的現象，它之所以看上去是本能的和自動的，主要是由於人對它的吸收和內化作用；

㈣ 文化可以有種種文化產品。這些產品從簡單到複雜、從具體到抽象，可以排成一個長長的系列，包括衣飾、食品、語言、禮儀、神話、符號象徵、交流密碼、表達方式、延續生命的方式、政體、藝術、價值等等。「文化」貫穿如此廣闊的領域，以至一直是確定一個人自我認同的一種基本力量和參考點。

文化的特殊含義

「文化」一詞，在孔孟老莊的經典中很少見到，孔孟老莊之後的某些經典裏曾經出現過「文化」這一字眼，但其含義大大不同於今人常說的文化。現代流行的「文化」一詞，在西文中爲culture，其古義爲「農耕、開墾」的意思。經過逐漸的意義延伸，才有了我們上面描寫的那種豐富含義。爲什麼農耕開墾和文化有如此深的淵源？要理解這一點，必須考察一下人類從狩獵時代向農耕時代過渡時的情景。從狩獵時代到農耕時代，標誌著人類生產方式的一種飛躍性變化。生產方式的變化必然要引起人的特質的飛躍性變化。狩獵時代，原始人的生活是艱苦和動盪不安的，他們倉庫中很難有積存，肚子就免不了時時鬧危機，當他們因饑餓而急需食物時，那種急於求成的躁狂之狀是可想而知的。對於一個正在追逐野鹿的饑餓原始獵人來說，讓他半路上停下來欣賞路邊一束美麗的鮮花是絕對不可能的，因爲這無異於使他失去一次生存下去的絕好機會。這種本能的需要決定了原始狩獵人生產活動和其他活動中急功近利的特質。對於這些急功近利的原始狩獵人來說，路邊的鮮花再美，對他也是無用的；一頭體態優美的野鹿，只意味著一頓飽餐，說到對事物種種詩意的追求，則幾乎等於零。

然而當人從狩獵轉向農耕時，倉庫中便開始有了積蓄。積蓄使人有了空閒和緩衝的時間，不必時時處於一種身體的運動和精神的焦灼之中。有了緩衝和空閒，人便容易注意到他在急功近利的行爲中所注意不到的事物，爲了弄清這些事物的存在方式及性質，便開始對自己的本能行爲進行暫時的控制，以便騰出更多的精力去思考和解答疑問。正是在一種不斷提出問題和解答問題的過程中，人的知識和反思能力才得以增加。人越是有知識和反思能力，就越能做到對自己的本能進行控制，這樣一來，懷疑和反思能力便越來越成爲阻止本能隨意和即時發洩的反向作用力。舉例說，一個饑餓的原始人，捉到一隻兎子時，可能會當場將牠撕碎吃掉；而一個不太饑餓的原始人，也許會將這隻兎子拿回家去，一口一口慢慢品嚐滋味；一個發現了火的神奇功用的原始人，就不僅要把兎子拿回家，還要把兎子放到火上烤熟後再吃；而一個生活在農耕時代的人，就不僅要將牠烤熟，還要在烤時加進些鹽和佐料，然後和糧食摻在一起慢慢消受。很明顯，那個饑餓的原始人吃生肉時一定是狼吞虎嚥，吃完後或許也不知道兎子肉的滋味；那個拿回家去慢慢吃的原始人，僅僅能嚐到生兎肉的滋味；而那個農耕時代的農民，卻嚐到了兎子肉烤熟後更微妙、更香醇的滋味。

那麼，那個將兎子拿回去吃的原始人和那個會烹調的農耕時代的人相對於那個饑餓的原始人來說，究竟是進步了還是退化了？一個可能的回答是：可以說是退化了，也可以說是進步了。從本能行爲上看，他也許是退化了。例如：他的牙齒可能沒有那麼銳利了，他的奔跑速度也許沒有那麼快捷了，他對付和適應惡劣自然環境的能力也許沒有那麼強大了。但是從另一方面說，他也得到了某種那個饑餓的原始人得不到的東西，這就是：某種關於燒烤及兎肉的知識和那微妙的滋味。

現代的文化研究專家們對此也許衆說紛紜。重視自然本能的人可能認爲這種進步會使人蒙受巨大損失；重視知識的人則認爲這是人的一個巨大進步；重視倫理的人又認爲，當人學會克制自己的本能時，就已經與動物根本區別開來。我在此想要強調的是，當人學會品嚐某種不可以用確定的價值標準衡量的微妙滋味時，他已經有了文化的特徵，雖然這種對滋味的品嚐並未被現代人包括在知識的範疇之內。

這一事實完全可以通過狩獵人向農耕人過渡時，對於除了動物肉之外其他種種「滋味」的發現中得到揭示。我們知道，隨著農耕人生活的穩定和富裕，人閒暇時間就越多。舉例說，在冬閒期人就有了一大段的空餘時間，這個時期有可能變成人的休整期和沉思期，亦是人急功近利之心的修正期。沉思把人從種種有用之物引向種種「無用之物」，從注意事物看得見、摸得著的性質到注意它們看不見、摸不著的性質。舉例說，朝露、晚霞、藍天、白雲、流水、險峰，以及人的肢體、臉蛋、頭髮和動作姿態等，本是一些與人的生存無直接關係的事物，此時卻開始引起人的注意。對它們的注意越多，它們的微妙之處向人展示的也就越多；這些微妙之處被人覺察得越多，它們越是顯出一種美的魅力。這種美好的觀照帶給人的是一種與呑食食物不同的愉快，它的微妙之處幾乎難以用語言形容，事實上，這就是現代美學家們所說的審美愉快。

這種種確定的知識和微妙的感受會進一步激起人想要交流的願望，交流則需要工具和媒介。只在有了適當的工具或媒介的情況下，人才能把自己感受到的、確定的和微妙的東西傳達給別人，讓不在場的其他人得到同樣的感受並掌握同樣的知識，於是人類有了語言、文字、詩歌、繪畫等。語言文字可以傳達出人掌握的確切認識和意見；繪畫、音樂和舞蹈等，則傳達出事物的更加不確定和更微妙的性質，包括這些性質帶給人的審美感受。隨著人類對「交流」的需要越來越強烈，這些媒介本身也開始有了價值，這種價值和那些可以延續人生命事物的價值不可同日而語，前者是確定的，因而是可以計算和可以度量的。在某一個社會圈子裏，一斗小麥可以換一隻羊，大家都能接受，但是，如果要對一個人說的話和作的詩標定一個確定的價格就很困難了。因此，雖然知識和種種喚起人類美好感受的東西對人很重要，但是它們不與人日常的和本能的需要直接發生關係，所以就沒有價格。

對於這些沒有價格的東西，我們暫時稱爲無價之價的東西。它們雖然無價，卻是使個人具有文化素質的必要東西。文化總是從個人對無價格東西的審美感受開始。但是，一隻燕子不能喚來春天，要使全社會文化化，就要使這種價值得到交換和傳播。交換和傳播加快整個社會人文化的腳步，使人類文化越來越豐富和發達。但不管文化以後如何發達，都是起源於人類對自己急功近利心的抑制和克服。一句話，文化來源於對急功近利的一種反動。

中國自古是一個農業大國，由於文化的起源與農耕有著千絲萬縷的聯繫，所以中國文化在兩千年之前便已經發展到相當成熟和發達的程度。中國古代文化發達的主要標誌，是它對於種種非功利的和具有無價之價的東西作出十分細膩的發掘和十分廣闊的發展。其具體表現是：

㈠ 古代的中國人很早之前就發展出細膩的審美感受，而審美感受是最遠離功利的和最不可定價的，但對於古代中國人來說卻有很高的價值；

㈡ 中國古人很久之前就開始了對自己歷史的撰寫。歷史是一個民族對自己所走過的歷程的記錄，它可以幫助人們回顧過去，對自己過去的行爲檢查和反思。相對於那些當前的實用和實幹行爲，這種檢查和反思當然是非功利的和無價之價的；

㈢ 中國古人自遠古時期便開始了種種預言未來的活動。

未來相對於現在，理想相對於現實，同樣是非功利的和無價之價的。

說到中國人最早的審美態度，我們很自然想起中國文學的老祖宗——《詩經》。這部典籍收集了自西周初年至春秋中葉五百年間的三百零五首詩歌作品。令人驚嘆的是，這些早期的詩作均以大手筆描繪出人在文化覺醒期的文化心態，尤其是其審美心理狀態和自我批評精神。它們包含古人在不斷的自我反思中對這個世界不斷的新發現，其中的每一首詩都是他們開發出來的一個新鮮審美領域。隨著這一連串的發現和開闢，中國古人的生活進程中充滿了詩的奇妙韻味和美好的音樂節奏。

關關雎鳩，在河之洲，窈窕淑女，君子好逑。

這是《詩經》中第一首第一行。它抒發了當時一個有文化的人對一個美麗女子之優美體態的欣賞和強烈愛慕，但他對這種愛情的表達已經不是動物式的，他學會了將這種美好的東西與周圍其他美好的東西對比，並將這種對比體現在自己的語言中。他看到，相愛的男女之間其愛情的傳遞，就像雌鳥和雄鳥間的應答和鳴那樣美麗而感人。這種審美感受是一種與動物性的情慾極為不同的東西。

參差荇菜，左右流之。窈窕淑女，寤寐求之。
求之不得，寤寐思服。悠哉悠哉，輾轉反側。

正如一塊煎餅，如想香甜酥脆，必須在熱鍋上燙煎，一種動物性的原始情慾，必須經過對本能的抑制和與對象的反覆交流，才能成為人的愛情。對本能的抑制是一種對自身的反動，「反動」的結果使自己的行為和本能「文化化」。詩中主人公的「悠哉悠哉，輾轉反側」，正是自我抑制過程的寫照。雖然對所愛的對象朝思暮想，但並不像原始人一樣，立刻粗魯地撲上去佔有她，而是耐著性子先將自己的愛慕之心表達出來。

參差荇菜，左右采之。窈窕淑女，琴瑟友之。
參差荇菜，左右芼之。窈窕淑女，鐘鼓樂之。

用什麼方式傳達愛情和用什麼態度對待所愛的人，是衡量一個人達到多高的文化水平的重要標誌。粗魯的原始人，不需要徵求女方的意見，也不需要任何緩衝餘地，就可以佔有對方；有文化的農耕時代的人，則想到通過某種媒介達到這一目的，這樣便能增進相互間的了解，使雙方都有思考和緩衝的空間。很明顯，詩中的主人公是自由戀愛，他對女方的態度是以友待之，他的求愛方式是以琴瑟的動聽樂聲，將心中的愛情以藝術的方式向女方表達，以使對方體驗到自己的愛慕之心。

《詩經》不僅有大量對美好事物和生活方式的稱頌，還有許多對醜的針砭和批評式的觀照。這些批評和針砭既痛快淋漓，又恰到分寸，展現人從非文化型向文化型轉變的文化覺醒。

> 碩鼠碩鼠，無食我黍，三歲貫女，莫我肯顧。
> 逝將去女，適彼樂土。樂土樂土，爰得我所。

這裏的批評是辛辣的，但不是直接的。作者一上來就跟一隻大老鼠講話，未免有點滑稽和荒誕，但很快他就由老鼠想到那些大腹便便、不勞而獲的統治者。醜惡的動物和醜惡的人之間的界限模糊起來。在原始人的現實生活中，老鼠是醜惡的，這種醜惡雖然令人討厭可恨，但多數時候人們不會去思考它、觀照它。然而對農耕時代的人來說就不同，在這兒，老鼠的醜惡因爲與統治者的行爲聯繫起來，成爲一種滑稽的審美對象。當然，在這種滑稽和幽默的感受中，人們對那種貪婪和佔有慾產生了痛恨心，這顯然是具有一定思想深度的批判。這種帶有審美情趣的批判，與狩獵時代那種動不動就對所恨的人張口大罵的行爲進步和優雅得多了。從這一詩句中可以看出，中國文化在幾千年前就達到相當的高度，傳達出的幽默感不由得讓人想起古埃及人的一句話：「上帝第一次笑，便誕生了管理世界的七個神……，上帝第二次大笑的時候，出現了水……」

中國人的笑則與人的文化覺醒同時俱來，當中國人學會嘲弄的時候，她自己便成了創造文化的上帝。

更使人吃驚的是，《詩經》還展示出中國人的文化是從其日常生活和感情的詩意化開始的，而詩意化又是與它的音樂化和過程化同步的：

月出皎兮，佼人僚兮，舒窈糾兮，勞心悄兮。
月出皓兮，佼人懰兮，舒憂受兮，勞心慅兮。
月出照兮，佼人燎兮，舒夭紹兮，勞心慘兮。

此時的月亮，既是詩意的源泉，又是音樂的源泉。讀到這些韻律優美的詩句，即使不完全懂得其中每一個詞的準確含義，也能感受到它音樂的美。「月出」雖有連續三次的重覆，不僅不使人感到乏味，卻因爲「皎」、「皓」、「照」的遞次變換，造成一個螺旋式上升過程；而「佼人」三次緊跟「月出」出現，不僅不使人感到多餘，而且在明月與佳人之間形成有機的聯繫，並且隨著「僚」、「懰」、「燎」三字的轉折而形成波浪式的變換。其餘如「舒窈糾」、「舒憂受」、「舒夭紹」等三種動態的微妙變化，「勞心」的三次重覆，「悄」、「慅」、「慘」三字的依次更迭等，都給人一種繁多而有序

（「三」在古人的意識中代表多），靜止中忽又跳動，放鬆時忽又緊張的音樂性感覺。在這裏，「月亮」在變化著，佳人的動作和感情也在變化著，這些變化使人的想像焦點從一個點伸展爲一條線，其自身成爲一種美好的音樂過程。

總之，《詩經》作爲中國藝術的老祖宗，非常生動地展示了中國人在文化覺醒期細膩而又廣闊的審美心理風貌。

其次是中國人頑強的歷史意識，歷史意識同樣代表了一種對人急功近利趨勢的克制力。

農耕時代的人，生活活動多數時間都固定在一塊狹小的地方，因此他們的空間意識不如原始時代的狩獵人，然而空間意識的相對縮小，卻導致了對時間觀念的加強，就像一個人的眼睛瞎了，聽覺能力卻無形中得到加強一樣。當然，農耕人的時間意識也和他們所從事的農業活動特點有關：春天一到，必須播種，晚一點就沒有好收成；夏收時節，必須及時收穫，與老天奪糧，晚幾天雨季便到。如果有一次或兩次時間觀念不強，就會遭受慘重的損失。為了不會犯同樣的錯誤，他們必須記住這些慘重損失的具體原因，以免日後重犯，這就是歷史意識的萌芽。這些最初的歷史意識當然是功利性的，但是，相對於那些只顧眼前之小功小利的胡作非為來說，這又是一種「反向力量」，正因為如此，我們才說它是一種文化的東西。

這種時間意識越是得到發展，人的歷史感就越強，最後成為一種遠離功利的純心靈能力。這種心靈能力的主要功能是使人重新經驗人類過去的生活，但是重新經驗不等於重過死人生活過的生活，而是「我們仍然作為一種實際的財富而在享受著的過去。因為歷史的過去不像自然的過去，它是一種活著的過去，是歷史思維活動本身使之活著的過去。從一種思想方式到另一種的變化並不是前一種的死亡，而是它的存活被結合到一種新的、包括它自己觀念的發展和批評在內的脈絡之中。」❶

因此，所謂歷史意識，歸根結柢就是人類心靈自己向自己提問或是自己和自己對話的能力。種種關於過去事件的記錄材料，即使是權威們提供的，也不過是心靈用來練習自己的懷疑、謹慎和批判意識的靶子。面對這些靶子，他們會以敏銳的思想之箭穿透堅硬的外殼，探查到那些隱蔽和被掩蓋的信息，從而發現被人類記憶或記錄所遺漏的重要東西。這就是說，即使人類過去的某段時間沒有重大錯誤或重大事件出現，人的歷史意識也能從中發現決定人類命運那富有意義的事情。因此當農耕人開始把自己過去的活動軌跡記載下來編成歷史時，他們心靈中的批判和懷疑精神便已達到了相當的高度。批判意識使這種活動離實際的功利更遠，所以其文化的氣味就更濃了。

中國人的這種歷史興趣不僅出現得早，而且延續時間長。中國自西周元年，即差不多三千年前，就已經有了編年史，到現在從未間斷過。除了國家有編年史之外，此時的每一個大大小小家族，也都有自己的家譜或家史。以孔子的家史爲例，從孔子往上追溯，可以一直追溯到夏代的開國，這在史記的《商本記》裏已有所記載。這個家史從孔子往後，又延續了兩千多年，一直到現在都沒有中斷，這在世界文化中的確是少見的。孔子之前的春秋時代所出現相當多的史書，大都被叫做「春秋」，這個優雅的名稱可以說與農耕人重時間綿延和季節變換的萌芽期歷史意識不謀而合。孔子本人也是一位非凡的歷史學家和歷史哲學家，他根據自己祖國魯——國的春秋寫了另一部春秋，後來這部書成爲中國古代的一部經典。

在很多時候，歷史意識的強與弱，與一個民族文化延續的時間長短成正比。歷史意識愈強的文化，其繞過險灘、跨過暗礁、不斷復活與更新的可能性就愈大。有了這種意識，這個民族就有懷疑和批判精神，也就有較高的文化素質。這種意識反過來保證其文化的延續，即使在遭受侵略或國家政權被異族掌握的時候，文化仍能繼續下去。在中國歷史上，每當外族入侵後當權之時，其文化反而能進入興盛和繁榮期。這時候的人，其歷史意識似乎分外強烈，被入侵者和入侵者都在認眞思索自己的過去，過去的大小事件成爲人檢驗自身的鏡子。通過歷史的鏡子，人加深對自我的認識，將某些處於潛在狀態的文化因素調動起來，使之發展成爲現實狀態，於是文化便得到一次新的飛躍。因此，中華民族作爲一個具有濃厚歷史意識的民族，年齡也許很古老，文化卻似乎永遠年輕。正如林語堂所說，它「受孔子教化的洗禮雖經過很長很長時期，這個民族的生命好像並未達到成熟衰老的年齡，而享受著綿長的童年生活。」[2]

第三是中國人對未來的關心和預言。

人從開始關心明天的那一天起，便邁出了文化的第一步。我在下一個鐘頭該是個什麼樣子？我自己及我的親屬朋友在明天、下一個月、明年有什麼樣的變化？在明天或明年的什麼時候我該做某一件事情或不應該作某一件事情，這都涉及著人的一種預言能力。人要預言就必須要有一個前提，那就是先要弄清現在所見到某些事物的本性。如果我知道這個人的本性是善的，我就會預言到，他明天去打獵的時候，如果遇到一隻正在生小鹿的母鹿就不會殺死牠；如果我深知馬的奔跑速度，就能計算出該在明天的什麼時候到達那一個圍獵地點等等。

這種對預言能力的不斷追求中，中國很早就有了一部偉大的預言經書——《易經》。《易經》一向被稱爲羣經之首，其中上下兩篇的周易本文，是在孔子之前就流傳的古書。實際上，它是中國古代狩獵人轉向農耕人之後，對自己命運吉凶作出預言時使用的占卜書。對那時的人來說，預言和占卜是其文化的重要因素。極爲可貴的是，中國古人的預言從一開始就沒有採取狹隘的就事論事方式，它不是想要預言什麼事情就去搞通關於那件事情的本性，而是將每一件細小的事情都放到天地宇宙的總體循環流動中去考慮。中國古人把天地宇宙看成是一個巨大而永恆的生命體，它的不斷變化活動即是它的生命活動。在這裏，變化即「易」，「變化」不是從生到死，而是從生到生，所以「生生之爲易」，「生」爲天地之大德，能否順應天的規律，保證自己「生」得踏實和愉快，成爲人有沒有文化的標誌。「生」自有其緩慢曲折的過程，人雖然是天地中的精華，但人又是有自己的思想的，如果人的思想過分受慾望的驅動，其思想就會縮短並且加快自己的行動過程，這樣一來，就與宇宙生生不息的自然過程不一致，作出「拔苗助長」的愚蠢行爲。這種違背自然的行爲對於一個農耕人來說是致命的，在農耕人的意識中，它代表著死的力量。《易經》的主旨，就是將這種生的過程，用有數的幾個簡單而空靈的符號演繹出來。告訴人們何時和何種情況下導致生，何時和何種情況下導致死，好讓人明瞭怎樣才能避凶趨吉，又如何才能避死得生。

《易經》中有許多卦都是講何時和何種情況下才有生的。如「天地不交，而萬物不興」（《歸妹》）；「天地交，泰；後以裁成天地之道，輔天地之宜，以佐民也。」（《泰卦》）；「天地解，而雷雨作。雷雨作，而百果草木皆甲圻，解之時大矣哉！」（《解卦》），所有這些都旨在說明，「生」來自天地陰陽男女的交合作用。如人的思想和行爲能做到像泰卦所示的那樣，就能使天地陰陽得到交合的機會，有交合則有雷雨，有雷雨則有春天，有春天就有萬物的發生。反過來，如果人的思想和行爲不能得到或喪失這個交合的機會，就會導致艱險和死亡。「大往小來，則是天地不交，而萬物不通也；上下不交，而天下無邦也。內陰而外陽，內柔而外剛，內小人而外君子，小人道長，君子道消也。」（《否卦》）顯然，這是從天地不交導致天地氣象的不和諧，推衍到政治中上層和下層之隔離造成國家生活的不和諧，再進一步推衍到個人剛柔位置的顚倒造成人性的不和諧。在這兒，不和諧即意味著死。人如果想要改變自己的急功近利心所造成的被動狀態，就必須學會克制自己無限的慾望，以順應天地的大道。

《易經》以簡單的符號演繹宇宙和人生的大道理，讓人通過對這些符號之間變化無窮的相互作用直覺，去想像和推測人生與自然中消長變化的道理，這就必然鍛練了人的重整體、重直覺、從整體到部分、從直覺到分析的思維習慣。由於它時時提醒人們要把女性的柔弱放在第一位，把男性的剛強放在第二位，就又錘煉了人類女性的柔和而纖細，內向而善自責的特殊批評能力和處事能力，從而事事做到柔中有剛、剛中有柔、剛柔並濟，這一點恰與「文化」的原始意義相合。所以有人說中國文化是一種女性文化，就不是偶然的了。

《易經》爲中國文化奠定堅實的基礎。是一種典型的女性自然「生發」型文化，與西方那種男性創造型文化恰成對立。

註釋：

❶R．G．柯林伍德：《歷史的觀念》，中國社會科學出版社，一九八六年，第二五六頁。

❷林語堂：《吾國與吾民》，中國戲劇出版社，一九九〇年，第三頁。

2 老莊與中國文化

文化與道

老莊思想的出現，使中國文化又一次發生質的飛躍。這種飛躍產生於老莊對那些與文化對立的功利心的批判和反思。

非功利的觀照產生了文化。但是，當中國文化發展到老莊和孔孟時代時，卻產生出另一種傾向：知識和文化成爲取得更大功利的工具。在老莊看來，這一傾向的代表就是孔孟。正是在這一點上，它與孔孟發生了嚴重的分歧。

爲了保持農耕初期時代那種美好的文化形態，不使它被人類日益增長的功利心摧毀，老莊提出了保存和發展這種文化形態的構想。在他們看來，保存這種文化的關鍵就是人必須採取「無爲而爲」的態度，只有做到「無爲而爲」，人才會把生活的美好過程本身看作是人類的最終目的。孔孟則不然，他們雖然也注意到中國農耕時代文化中的美好東西，孔子甚至對這些東西加以整理，但在他們看來，在這些美好東西之外，還有更重要的東西，即他們經常說的齊家、治國、平天下。這樣一來，農耕人所達到的那些文化特性，不過是達到另一種更具體、更偉大的目的的手段。當孔孟提倡人應該成爲仁者，仁者的境界是「仁者靜，仁者不憂」時，當他們規勸人們「文質彬彬，然後君子」時，當他教誨人們要做到「毋意、毋忘、毋必、毋我」時，並不是看到這些文化特徵自身的價値，而是認爲它們對取得一種更巨大的功利活動具有關鍵作用。在這種意圖的支配下，他們鼓勵的不是一種在野心和功利面前的退卻者，而是一批至大至剛，以征服世界和他人爲主的「男子漢」。這些男子漢所信賴的是種種明確、固定、可以憑藉、依賴的力量，其中最典型的是他們一再強調的「仁愛」力量。

在孔孟那裏，仁愛一方面可以把那些野心家塑造成人人敬仰的神，另一方面可以爭取人心，得到衆人的支持，以成就自己的霸業。所以儘管他們把天下最動聽的言辭都說盡了，卻在每一句動聽的言辭後面都埋伏了一個「明確的功利性目的」。《孟子》一書的開首一段便是最好見證：

> 王，何必曰利，亦有仁義而已矣。……苟爲後義而先利，不奪不饜。未有仁而遺其親者也，未有義而後其君者也。

如果我們撩起這段言辭的美麗面紗，仔細看一看和嗅一嗅掩蓋在它後面的東西，就會體會到它的眞實意思：言利者難成王，或即使成王也不能長久。而眞想成王者，必須多言仁義，只有如此，才能得到上下臣民的支持，使自己的王位久存。

這就是說，不言利，不等於得不到利，而是意味著能得到更大的利。因此不言利而言仁義，乃是一種最省力，卻能得到最多利的手段。這說明它的「反功利」絕對是虛假的。這不禁使我們想起了人們用「止戈」二字對「武」的解釋：依照此說，眞正的武，在於制止干戈，然而當進一步問到如何才能制止干戈時，儒家思想和道家思想便分道揚鑣。道家主張統治者完全放棄野心，退出爭霸；儒家思想則要設法討好民心，得到更多人對其霸業的支持。提法雖然一致，目的卻不一樣。

與孔孟相反，老子和莊子以「無爲而爲」的原則證明自己是農耕時代所形成的那種文化的堅強衛護者。在筆者看來，老子《道德經》所有的章節，幾乎章章都涉及到對這種文化的解釋。老子講「常無欲」，講「少則得，多則禍」，講「使民不貴難得之貨……使夫智者不敢爲」，講「爲無爲」，講「生而不有，爲而不恃，長而不宰」，講「燕處超然」，講「依養萬物而不爲主」，講「進道若退」，講「大白若辱」，講「反者道之動」，講「上善若水」等等，都涉及著對文化中生發出的那種和道相逆的功利心的反抗。他告訴人們「五色令人目盲，五音令人耳聾，五味令人口爽」，就是要人們不要讓色、音、味等物質層面的東西把自己引導到追求更多功利的方向上去。

老莊不滿意儒家的種種主張，批判了儒家一系列的反文化實質。老莊看到，由於儒家思想迎合了人性中追名逐利的弱點，很容易得到人們的擁護，並廣泛地推廣開來，然而越是這樣，其危害性就越大。老莊之所以講「大白若辱」和「進道若退」等，就是看到整個社會中人們都進入了「以黑爲白」、「以倒退爲進步的」顚倒狀態。針對這樣一種嚴重的異化趨勢，老子提出了「反者道之動」的徹底懷疑主義原則。這個原則的主旨就是，既然一切都被顚倒了，就要有意識地把一切再顚倒過來。換句話說，越是聖人和衆人認爲理所當然的事情，就越值得懷疑；越是對文化中人人不懷疑的那些所謂權威、確定的和不容置疑的東西大膽懷疑，就越能接近「道」的自然境界。因爲在一個如此異化的社會裏，當大多數人都說某事是正確的時候，那就意味著那件事很可能錯了；而當多數人認爲某件事情錯誤時，它就很可能是正確的。

老子說的這種懷疑還有讓人們與「自己」過不去的意思。他勸告說，如果你是一個男人，你就要經常對自己的大男子特徵敲打敲打；如果你登上高位，就要設身處地想一想那些地位低賤的人是怎樣生活的；如果你是在向前走，就要自動地生出一種向後拉的力量來。一句話，在任何形式的「爲」中都要生發出一種相反的力來，有了這種「無爲」的反向牽制力，才能達到「無爲而無不爲」。

這種「無爲而無不爲」本質上說是一種文化的「爲」，因爲其中的反向作用力常常不是使它指向一種具體的結果（如佔有財產和土地等），而是指向「爲」的過程本身，使之成爲一種超脫了功利的爲。道家的「無爲而無不爲」，是向人們發出的「驚己恆言」，它常常讓人們「將自己一分爲二，使二者在內心展開對話和批評。」在「一」被分割成「二」後，其中的一個便成了另一個進行批評和懷疑的目標和靶子，而作爲靶子的總是那個「急功近利」的自我，而作出批評和懷疑的則總是那個非功利的自我。二者對話的最終結果，就是一種「無爲而無不爲」的生活態度。

因此，人自身中這種對「爲」的批評，實際上就是對人追求「功利性結果」趨向的批評。人陷身於社會，即有種種急功近利的強烈趨向；人返身自我，則要對這種趨向時時批評，並提醒自己本身的價值。「自己之價值」既然不在「爲」追求具體、確定的結果中，便一定在那種非具體、非確定、不可計算、無法言傳的過程中。正是這種生活過程給人以審美的滿足和愉快，最後使過程本身成爲人的目的，而這一過程本身即老子的「道」。「道」是在與一切確定、具體、終極的結果對抗中產生的，人只有時時處處對抗自己的急功近利心，並對這種功利心所追求的「功利」持嘲弄態度，自己的身心才能變成「道」的家園。這種「對抗」或「嘲弄」與「道」之間的關係，同樣包含在老子「反者道之動」這一石破天驚的名言裏。在這裏，批評、對抗或提醒等均屬於「反」的範疇。這裏的「反」，並無固定的時間和地點，亦無固定的模式和計劃，它只是在該反的時候才反。這種反不僅包含對一切凝固、僵化東西的反，而且包括逆反的逆反。通過這樣一種不斷的批評運動，人的視角必定時時改變，人的經驗必定隨時得到更新和豐富，而與之相伴隨的則是一種無法言傳的精神愉悅。在這種反向活動中人失去的是一個固定不變的極點，得到的卻是一種線條化的豐富過程。

如上所言，在人類成爲農耕人之後，其急功近利心減弱了，對終極結果（即快些得到獵物，快快吞嚥進肚子去）的關心延緩了，對生命和生產活動本身的欣賞和研究的時間延長了也仔細了，所有這些都極大地豐富了人的生活。如果說那個饑餓的原始狩獵人的可憐生活是一個「點」（在其動機和結果之間最多不過是一條短短的直線，他的急功近利心使他恨不得把它縮短到一個點），農耕時代農民的生活便成了一條更長和更豐富的線。隨著這個「點」的線條化，人的整個存在方式，從其生命到其精神也都線條化了。「線條」在中國語言中等同於「紋」，「紋」又同於「文」，因此，所謂的「文化」，就是「紋化」或「文化」。人到了這個階段已成爲有文化的人。在老莊時代，這個文化（紋理、線條或道）再次受到「功利心」的威脅，人們再次重視功利性的結果而忘記了取得這種結果的過程。老莊的批判和懷疑，再次把人們拉回到「文化」的軌道上來。老莊所說的「道」，實則就是這種代表豐富生活過程的曲折線條和紋理。老子在《道德經》第二十五章這樣描述道：

> 吾不知其名，字之曰道。
> 強爲之名曰大。
> 大曰逝，逝曰遠，遠曰反。

很明顯，老子這裏所說的反亦同於返，如果人在功利的道路上走得太遠了，道自身含有的反向力便使人返回來，經過這一正一反、一進一退、一動一停、一張一馳，人走的道路便多一層曲折，多一層曲折便多一層豐富。曲折的線條還具有柔軟堅韌的性質。柔與軟，緩與弱等等特性，在原始人的眼裏原是對人十分不利的東西，因爲它們常常延緩了人對某種急需之物的佔有，但對於道來說卻是必備的性質。

如果我們認爲老子的同「文化」有一定意義的重合，它們也就成了文化必須的性質。而在中國文字裏，「文」同「武」相對，具有「斯文」的意思，所以「文化」也等同於「斯文」。在這裏，如果把「文化」看作是一個動詞，是指人對自己原來那種「趨急、趨強、趨硬」等特性的背離；而作爲一個名詞，則是指一種軟化的、溫和的和生命力旺盛的實體。我們注意到，在老莊對道的描述中，有許多都是對這種「文化」的描述。例如，當老子說到「上善若水」時，他實則是對文化的特性作了準確而生動的描述。水軟、水冷、水趨下，水是世間一切陰性因素的代表，人如果能像水那樣對待功利是非，就會變得冷靜、容忍、寬恕和能上能下，從而更快地成爲文化人。

老子還規勸人們要「知其雄，守其雌，爲天下谿。」可以想像，如果所有的男人或所有的陽剛之性趨強者，知道用雌性特徵去柔化自己的雄性特徵，他的生活必定像溪流一樣源遠流長、見多識廣。老子說「知人者智，自知者明，勝人者有力，自勝者強。」也是用女性特徵對男人粗魯、冒險的心理和喜歡向外擴張的傾向加以抑制：女人和生性柔和的人多內向，內向引發人對自己的自責和自醒，不再去和別人爭鬥並把批評的矛頭對準別人。只有這樣學會與自己鬥的人，才能戰勝自己那種急功近利、急於求成的弱點。只有這種自勝的人才能自強不息，把生命「紋理化」，成爲一個文化人。

文化與知識，二者不相等

老莊的文化批判還表現在他們對文化和知識兩者關係的看法上。在老莊時代，普通人就有一個誤解，認爲有知識的人必定有文化，知識份子就是文化人。現代的普通人同樣認爲，文化與科學知識有不解之緣，人只要掌握了科學知識就自然有了文化，因爲科學知識促進了人類的進步，人類在不斷進步中步入文明，步入文明的人就是有文化的人。

知識和文化的這一嚴重混淆，往往將人們的思想引入歧途，使人們屢犯錯誤。老莊早就看到了這一點，他們不止一次地對這種混淆發起批判。

老子在《道德經》第四十八章中這樣說道：

> 爲學日益，爲道日損，
> 損之又損，以至於無爲。

在老莊看來，求學問和修道是不一樣的。求學在於積累知識，使知識一天天增加；修道則要批判地對待知識和學問，只有「損之又損」，最後達到「無爲」，修道才算是成功了。看來，修道成功的標誌，要看其是否有一種非功利的態度，而這種非功利的態度首先表現在修道者對待知識的非功利態度上。如果一個人學習知識和積累知識時，將知識視爲一種可以佔有和買賣的財富，甚至將知識作爲取得更大功利的階梯時，就違背了學習知識的初衷。如果是這樣，人們佔有的知識越多，離道就越遠，所以，僅靠積累知識並不能達到道的無爲境界。老莊認爲，修道的關鍵不在積累和佔有知識，而是用一種無爲而爲的非功利態度，對學到的每一種知識及使用加以懷疑和檢查，如果知識刺激人的功利心，便損害人作爲文化人的特質。所謂「爲道日損」，就是要人們用一種懷疑和批判精神，克服和消除知識激發的功利心。不經過懷疑和批判的知識只能成爲人修道過程中的障礙和包袱，人背著這樣的大「包袱」，永遠也不能自由和輕靈地達到道的超然境界。在老子看來，學習知識而沒有批判和懷疑精神，知識就淪爲智巧。智巧不能增進人的文化修養，而只能被用於爭奪財富，甚至征服自然和他人。濫用知識使人的素質急遽下降，使人與人之間爾虞我詐、互相算計、互相摩擦和互相欺騙。所以老子說：

智慧出，有大僞。

還說：

絕聖棄智，民利百倍。

對老子的這一見解，莊子做了全面的發揮。他有一段話的大意是：如果統治者喜好施智巧、用機謀而不求至道，那麼天下就要大亂。正如用以捕鳥的弓箭、羅網、機關的技巧多了，鳥在空中就亂了起來；用以捕魚的釣鈎、釣餌、魚網、魚簍的技巧多了，魚在水裏就亂了起來；用以捕獸的機檻、羅網、陷阱多了，獸在草澤裏就亂了起來一樣。在人類中，知識不加批判地亂用，就會激發人狡詐、虛僞、詭辯堅白和牽強異同的心機，如果是這樣，世俗就要被這些詭辯迷惑了。天下大亂的根源就在於人們喜好施智巧而濫用機謀。（《莊子・胠篋》）

莊子同樣認爲：如果以功利的態度對待知識，知識必然淪爲智巧。智巧對人類有百弊而無一利。反之，如果以一種非功利的態度對待知識，知識就會轉化爲道。道使人眼界開闊，使人具有文化素質，並和諧地與自然和他人共存。所以老莊說「絕聖棄智，民利百倍。」

在老莊這裏，知識和文化之間顯然是一個不等式。知識僅有一種無限的潛在性價值，它也許是文化的一種食糧，但不一定保證能成爲一種好的營養品。只有經過非功利的思想和想像力的吸取之後，知識才能變成一種具有正面價值的東西，成爲文化的營養品。當然，假如沒有知識的食糧，不管是思想還是想像，都會變得瘦弱不堪並且發育不良。但是僅有這種食糧而無人對它加工，它同樣會腐爛變質，不僅毫無用處，甚至毒害人的腸胃和神經。知識的價值在於它對文化的營養，如果知識與文化修養連接，它本身也就和文化一樣，成爲無價之寶；如果它與人的功利活動連接，就墮落成一種手段，有了固定的價格，無形中成爲一筆可以被度量、被展示、被佔有和被炫耀的財富，就好像它一旦被佔有了，便可以代代相傳，世世受用。許多人之所以這樣對待知識，是看到知識可以爲人創造出財富和金錢，讓人們受用無窮。在老莊看來，知識和財富對這些人的唯一作用是助紂爲虐，在他們身上，財富是精神的毒藥，知識是前進的阻力。因此，人知識的增長，必須伴隨著其對功利心批判能力的增長，如果不這樣，知識就會給人類闖下大禍，甚至使人類失去存在的家園。他們主張，每當學問增長時，就越是要用道的精神批判對待它；學習知識的同時要修道，否則知識越多就越是沒有文化。

這一道理的正確性在人類的歷史實踐中也得到了證明。無數事實證明，在人類文化的每一發達期，眞正的學者們都是以非功利的態度和懷疑的精神對待以往的知識的。我國先秦時代絕大多數的學者，對待學問的態度都是非功利的；古希臘那些創造了文化奇蹟的大學者們，多數都過著極爲簡樸的生活，而生活的簡樸毫不影響他們思想的活躍和對學問的執著。同樣，老子生活的先秦文化興旺期，雖然出現了百家爭鳴、百花齊放的局面，但當時最偉大的哲學家——老子是一種什麼形象呢？他騎一頭青牛，整天無所事事，東遊西走，談的都是與實際生活毫不相關的玄妙之道；當時傑出的哲學家和文學家——莊子則嘻笑怒罵，把人生當成一場遊戲和夢，過的是淸貧但又逍遙自在的日子；莊子的辯論對手——惠施更是有過之而無不及，他一天到晚琢磨和推敲的都是類似「狗不是犬；黃馬和黑牛合起來是三；白狗是黑狗，孤駒沒有母親，一尺長的杖子，每天取一半，萬世不會取盡」等與人的衣食住行根本不沾邊的事情。莊子等人有時窮得吃不到飯，其心境卻無時無刻不落在「無爲而爲」的審美境界中。《莊子》中有許多段落都是描述這些大學者的窮苦生活，其中有一段專門描寫學者的這種生活和由此而達到的境界。其大意是：

曾子住在衛國，衣著破爛，臉面浮腫，手腳上都長滿老繭。他常常一連三天不生火做飯，衣服穿了十年也不更換。他窮困到如此境地，以至要戴正帽子時帽帶就斷了，要提起衣襟時胳膊肘就露了出來，在穿鞋時鞋根就裂開。雖然如此，他也不在乎，仍拖拉著鞋子唱著商頌的歌。他的歌聲響徹天地，發出如同金石一般的聲音。他孤傲不羣，天子不能使他爲臣，諸侯難和他交朋友。

——《莊子・讓王》

不僅中國如此，西方也有同樣的情形。當某些現代歐美資本主義國家的人來到義大利參觀那裏的古代宮殿時，均會因爲兩件事情而吃驚：一件是其輝煌絕倫的文化，另一件是這些創造如此輝煌文化的古人，竟住在四面透風、內部設備簡陋、生活條件極不方便的住宅裏。這說明，文藝復興時期的文化是偉大的，但創造這種文化的人對生活的態度卻是非功利的。歷史證明，講究舒適的思想是後來和資本階級一起俱來的。

中國唐代的文人學者們也創造了美好燦爛、妙絕千古的文化。但那時的詩人和學者們的生活又怎麼樣呢？詩人李商隱有一首題名爲《蟬》的詩，這首詩道出了一個知識份子寧要餓著肚子的清高，也不要墜入俗流的抱負：

本以高難飽，徒勞恨費聲。
五更疏欲斷，一樹碧無情。
薄宦梗猶泛，故園蕪已平。
煩君最相驚，我亦舉家清。

正是這樣一些生活無比清貧的學者和詩人才能創造出燦爛的文化。之所以如此，是因爲他們的任何發現和探索都不是直接爲功利服務，而是爲了追求眞理和進入審美的境界。衆所周知，古希臘的幾何學、形而上學、倫理學、政治學都很發達，但這些學問幾乎沒有一樣是從實用的角度出發的；古希臘也有發達的機械學，但這種機械學的重點並沒有放在實用上。這種學問當時已達到了相當的高度。有人認爲，當時希臘人只要將這些知識稍稍向實用的方面偏斜，便有可能造出蒸汽機來，但他們卻沒有這樣做；同樣，古代中國人很早就能造出火藥，但始終沒想到去用它製造炸彈和火槍。古希臘人似乎只爲了眞理本身而思考，很少想到要把知識作爲取得權力和個人舒適的手段。他們常常對那些爲了得到更多的物質利益和個人享受而追求知識的作法表示出極大的憤慨和蔑視。他們認爲，將眞理延伸到實用領域，有失一個文化人的尊嚴；將眞理與實用並列，同一種文化的生活和美的情調極不協調。在雅典，一個學者參與行商，絕對不是一件名譽的事，因爲雅典人所追求的是生活的豐富，而不是富有的生活。柏拉圖和亞里士多德的許多言論都證明了這一點。

在中國文化達到高峰期的唐代，不論是一般知識份子還是高級知識份子，全都不重視知識的實用。唐代選拔官吏的科舉考試，並不特別看重考生的實際才能。這種考試在開始時還有一些有關現實政治理論方面的試題，越到後來這方面的成分就愈少，最後就乾脆全砍掉了，換成清一色的詩賦命題。錢穆先生對這種轉換有一種獨到的見解：

> 一則詩賦命題可以層出無窮，杏花柳葉、酒樓旅店，凡天地間形形色色事事物物皆可命題。二則詩賦以薄物短篇，又規定爲種種韻律上的限制，而應試者可以不即不離的將其胸襟抱負、理解趣味，運用古書成語及古史成典，婉轉曲折在毫不相干的題目下表達。無論國家大政事、人生大理論，一樣的在風花雪月的吐屬中吐露宣洩。因此有才必間有情、有學必間有品，否則才盡高、學盡博，而情不深品不潔的，依然不能成爲詩賦之上乘。❶

唐代的偉大詩人們，許多都沒有正當的職業。天生放蕩性情孤傲的李白，二十六歲便「仗劍去國，辭親遠遊」，他遊洞庭、歷襄漢，南至廬山，北到太原，東到齊魯，遍遊大半個中國的名山大川。雖有一定的政治抱負，卻不屑於參加科舉考試，後經人推薦當了一段時間的官，也只是「供奉翰林」的閒職。即使在當官期間，他仍然蔑視權貴，狂放縱酒，終因「揄楊九重萬乘主，謔浪赤墀青瑣賢」，而招致權貴們的讒毀，最後憤然離開京都，再度經歷四處流浪的生活。這時候，他的生活是困頓的，雖然「歸來無產業，生事如飄蓬」，卻仍然「萬事不關心」，沒有去捕魚耕樵，也沒有行商做工，只是不斷地用詩的形式抒發自己豐富而深刻的感受，創造了無數驚天地、泣鬼神的偉大詩篇。

另一名偉大詩人杜甫，二十歲結束書齋生活後，便把漫遊當做人生第一要事，經過十多年的「壯遊」生活，最後竟困守長安，當了幾年小官後，又走上了顛沛流離的行旅生活。他四處飄泊，生活困苦，雖然「經年至茅屋，妻子衣百結。慟哭松聲回，悲泉共幽咽」，卻「不願入州府，畏人嫌我眞。」此時他只把抒情言志作爲自己神聖不可動搖的事業。他常常沉浸於哲理體味中，把這種體味視爲最大的人生享受，在艱難的飄泊生活中寫下了幾千首偉大的詩篇。

中國文化興盛期出現許多偉大的禪宗和尙，更是在遠離實用人生的情況下，創造出一種獨特的文化。他們「躲」在遠離塵世的寺院裏，每天的職業就是機鋒對答、妙語清談。在一個普通人聽來，這些言論往往不著邊際，好像是另一個世界的語言，與實際人生無任何瓜葛。這些和尙雖然也擔水劈柴、煮飯燒水，卻不把這些活動視爲一種功利活動，而是極力要在這些日常活動中發現出深刻的哲理和豐富的文化趣味來，所以擔水劈柴莫非神通，嘻笑怒罵皆成文章。這種變日常生活小事爲哲學和藝術的禪宗精神，影響了整個東方文化的形態。

西方十八世紀是理性的啓蒙時代，從那之後，西方的科學技術得到突飛猛進的發展。但是如果考察那個時代的文化特色，卻與文藝復興時代一脈相承，同樣不重實際和不重實用。許多缺少哲學頭腦的小知識份子曾指責說，這個迷人時代的唯一缺點是它太注重純思辨的科學——如數學和幾何學等——而忽視了更有用的生物學和化學。其實這並不是缺點，而是這個時代的人並沒有把知識和文化劃上等號。最偉大的機器在這個理性時代發明出來，然而作爲這個文化時代之先行的偉大思想家們，卻無一例外地對這些發明不感興趣。他們研究科學，是把科學作爲一種人生的哲學，並在這種純粹的科學思考中獲得無窮的樂趣。在現代科學分工越來越細的情況下，那些文化素養較高的科學家同樣沒有把眼光放在功利和實用上，其中有些人畢生都在鑽牛角尖。舉例說，有人一生想要證明的問題就是爲什麼一加一等於二，這種事情一個普通人無論如何是不能理解的。他們會說這種證明一沒有用處，二枯燥無味，三沒有驚天動地的結果，究竟有什麼看頭呢？但從事這種證明的數學家們卻不管這些，他們把自己關在一個小房子裏，十年如一日地證明、計算著，好像那是一種十分有趣的事兒。誰又能說這樣的人沒有文化呢？

總之，知識與文化是一個不等式，學富五車的人不一定有文化，只有那些以非功利態度對待知識的人才能成爲一個眞正的文化人。這就是中國道家的文化觀。

註釋：

❶錢穆：《中國文化史導論》，上海三聯書店，一九八八年，第一二八頁。

3 中國文化與「仁愛」

道家與儒家在「仁愛」問題上的分歧

儒家所提倡的「仁愛」，是中國文化的一個重要內容。「仁愛」是孔子學說的核心，孔子講「孝悌」、講「仁愛」、講「父母在，不遠遊」、講「仁者人也，親親爲大」，這套仁愛學說成爲中國社會的靈魂，封建統治者在取仕時均以這套仁愛學說作爲重要標準。一個人能否成爲一個官吏，首先要看他是否有德行，而有德行的重要指標，就是看其是否孝順父母。也就是說，要想在這個社會中成爲一個人人看得起的文化人，首先必孝順自己的父母、愛自己的兄弟和鄉里鄰人。

表面看來，這種提倡人與人之間相愛的學說是很有道理的。在一個社會裏，如果人人孝順自己的父母、人人以仁愛精神待人，這個社會不就很容易成爲一個和諧和充滿文化氣味的社會了嗎？然而以老莊爲代表的道家偏偏不以爲然，孔子學說不斷地遭到老子和莊子的反對。針對孔子的仁愛，老子針鋒相對地指出：

> 天地不仁，以萬物爲芻狗。聖人不仁，以百姓爲芻狗。
>
> ——《道德經》，第五章

莊子的批評更激烈：

> 説仁邪？是亂於德也！

——《莊子・在宥》

夫孝悌仁義，忠信貞廉，此皆自勉以役其德者也，不足多也。

——《莊子・天運》

孔子見老聃而語仁義。老聃曰：夫播穅眯目，則天地四方易位矣。蚊虻噆膚，則通昔不寐矣。夫仁義憯然乃憤吾心，亂莫大焉。

——《莊子・天運》

商大宰蕩問仁於莊子。莊子曰：「虎狼，仁也。」曰：「何謂也？」莊子曰：「父子相親，何爲不仁？」曰：「請問至仁。」莊子曰：「至仁無親。」大宰曰：「蕩聞之，無親則不愛，不愛則不孝。謂至仁不孝，可乎？」莊子曰：「不然。夫至仁尚矣，孝固不足以言之。此非過孝之言也，不及孝之言也……夫孝悌仁義，忠信貞廉，此皆自勉以役其德者也，不足多也。」

——《莊子・天運》

近愛與遠愛

老莊把孔子提倡的「仁愛」視爲攪亂人心、侵呑人的自然天性、使人走上迷途的東西。之所以如此，是因爲在老莊看來，孔子宣揚這種仁愛的背後是一種強烈的功利心，目的是通過這種仁愛的舉動贏取別人的信任，達到奴役別人，使自己出人頭地。莊子還指出，這種仁愛其實並不是一種高級的東西，人能愛自己的兄弟父母，虎狼同樣也愛自己的父母，所以沒有什麼高尚的。

爲什麼這種仁愛不像孔子說的那樣高尚呢？在莊子看來，這種仁愛的基礎乃是一種血緣關係。「父兮生我，母兮鞠我，孝惟愛吾親已矣。」既然它以血緣關係爲基礎，其起點就很低，連動物都能做到。西方傳道士利瑪竇在接觸中國的這種仁愛文化時批評說：「近愛所親，禽獸亦能之；近愛國中庸人亦能之。獨至人君子能施遠愛，是謂忠臣孝子與禽獸無異也。」稱孔子的仁愛爲「近愛」，我認爲是有道理的。這種愛首先對準的是與自己有血緣關係的親人和親戚，其次是與自己有功利關係的朋友。因爲有功利因素在內，所以一般人很容易得到好處和回報，使行使這種愛的人得到物質的利益和名譽。從這一角度看，這種作爲近愛的仁愛是一種眼光極其狹隘的愛。近愛一般是引導人們只對近己者負責，而不對遠己者負責。換言之，它使人關心的首先是自己家內的與自己有血緣關係的人，其次是村莊、鄉里的人，然後是本省的，再其次才是全國的人，越到最後，越是抽象和淡薄。孔子視這種連虎狼也能達到的愛為珍寶，把它放到至高無上的地位，有時把它看得比國家的法律還高，所以在行使中往往造成許多惡果。在《韓非子》中記載了一個齊國人因其父偷羊而報官，因而被官處死的故事，還記載了孔子因得知一戰場逃兵屢次逃跑是因為家中有老父無人撫養，因而不僅赦免其罪而且給予加官的故事，這些故事均為孔子把這種「近愛」看作高於一切的鐵證。

此外，這種「近愛」中的「近」是有相當大彈性的：相對於叔叔伯伯，父母為近；相對於旁姓之人，本姓為近；相對於外地人，本地人為近；相對於外國人，本國人為近……，所以在儒家傳統中，人們儘管有多種多樣的愛，所有的愛統統都是以血緣關係為基礎，並嚴格按照被愛者與自己的遠近關係依次向外擴散。在這樣一種「仁愛」框架中，愛是有相當大的虛假性的。例如，當人們看到兩個人在街上爭吵或打架時，就會不由分說地去幫助那個他認識的人或與他關係更親近的人，不管那個自己不認識的人有沒有理。在封建時代的中國，不管是皇帝或各級官僚，還是普通老百姓，都在行使這樣一種近愛，即使那些宣揚殺富濟貧的農民領袖，不管他們主觀上怎麼想團結更多的人，然而眞正爲他所信任，整天能接近他的，還是與他有血緣關係的親族或親屬。

儘管這種功利性極強的「近愛」模式在孔孟那裏是一種理所當然和不容批評的東西，卻給中華文化造成不可估量的損失。這種損失最主要是來自於它造成人與人之間的「蜂窩式結

圖(一)

構」關係，這種關係可以把一切美好的東西扼殺，但又使人無法逃避。圖(一)就是對這種關係的一個示意。

從這一簡圖中可以看出，這種關係的結構完全是封閉的，其中人與人之間的關聯，表面看是互相扶持，其實多數時候是互相攀比、互相制約和互相拆台。在這裏，人的一切上進心是建立在與近鄰互相攀比的基礎上。「上進」的實際含義是「出人頭地」；樂善好施背後的動機是「吃小虧，佔大便宜」。之所以如此，是因爲這種封閉式的蜂窩結構總是嚴重牽制人在精神方面的發展，使人終不能脫離這種近鄰關係激發起的功利心。在這種被激發起來的功利心促使下，人們總是緊緊盯住鄰人的一行一動，唯恐比別人稍遜一籌或稍晚一步。人們一方面著迷於自己家族的振興和其歷史的興衰變化，一方面斤斤計較眼下的一功一利。對於自己造成的功果，儘量宣揚之和加粗加大之，唯恐他人不知；有過時唯恐掩蓋不密，生怕別人揭發。

對於一切與自己切身利益無關的東西，則冷淡之、疏遠之、遺忘之。對於看不見、摸不著的東西，如「精神」、「道」和「藝術」等等，因爲無法衡量，就無法與鄰人攀比，所以往往先是嘲笑，繼之排斥和抵制，實在不行，便以世俗的觀點改造它，硬是把它轉變成爲我所用、能夠向別人顯示和與別人攀比的東西。關於此種封閉式人際結構造成的弊病，在現代中國社會中仍有大量殘餘，人們深受這種關係之苦。在這裏，不管何時和何地，要想做成一件事情，首先得從親情或變相的親情入手，設法打通這種蜂窩式的人際關係，否則將一事無成。

老莊早在二千多年前就看出了這種仁愛的弊病。他們一面激烈地批判它，指出它的功利性實質，要人們忘掉仁義；另一方面激勵人們用「修道」來代替這種仁愛。老子說：「絕仁棄義，民復孝慈」，「天之道，利而不害；聖人之道，爲而不爭。」莊子說：「泉涸，魚相與處於陸，相呴以濕，相濡以沫，不如相忘於江湖。」，又說：「古之眞人，其狀義而不朋。」（《莊子・大宗師》）在老莊看來，魚兒們到了陸地上互相救助和互相愛護的情形固然感人，卻不如各自暢游於江湖之中，淡忘相互之間的那種溫情。所以古代的眞人，表面上看好像對人隨和，卻很少去結交。這樣一種生活態度所造成人與人之間的關係如老子所述，是「鄰國相望，雞犬之聲相聞；民至老死，不相往來。」之所以如此，是因爲修道者的著眼點不是搞好人與人之間的關係，而是大道。這樣一種著眼點必然使他超脫塵俗，沉思獨處，生活孤單。

很顯然，如果儒家主張那種以血緣關係爲基礎的仁愛是近愛，老莊的仁愛觀就是一種「遠愛」。所謂「遠愛」，就是把一切的愛集中到那個與自己沒有血緣關係、看不見、摸不著，但又實實在在運行的「道」。對於道的愛是不圖回報的，人們愛它，但不會像愛自己的父母那樣想及時得到某種物質利益的報答。一句話，這種遠愛是遠離世俗、遠離功利、遠離親情的。正因爲距離遙遠，道對所有愛它的人都是平等的，不管是什麼人，皇帝官僚也罷，平民百姓也罷；窮人也罷，富人也罷，只要是信奉道，堅持與大道同一，大家就是平等的，就會「相濡以沫」。因爲大家的眼睛都指向那個高高在上的「道」，所以與近在身旁的他人關係就如老子所說，無鄰、無跡、無責任、無義務。因爲它不著眼於人與人發生功利性的關係，不必通過中間媒介間接和「道」對話，所以人與人之間的關係永遠是一種平行關係。它與上述蜂窩式結構截然不同。對於這種關係，可用圖(二)表示：

圖(二)

這種關係的優越性在於：人人信奉的都是一個無人格的「道」，所以不可能發展爲一種對個人的崇拜和迷信。由於「道」對任何信奉它的人都不偏不倚，所以在道面前，大家的關係都是平等的。「道」在那些信奉它的人眼裏，是一種至眞、至善、至美的化身，它高高在上，抽象、朦朧、虛無縹渺，不像世間的金錢和財產那樣可以任人佔有和用它爲自己謀利。與此同時，它又時時與那些信奉它的人同在，與他們交流，以謙虛、可親的面容示範於人，引導人與人之間相互友愛和相互寬恕；對那些不信奉它的人，則以鐵律懲罰他們，使他們不敢對它的示範敷衍了事、掉以輕心。因此，對那些信奉它的人和不信奉它的人來說，都是具體而不可忽視的存在。它的「抽象」和「具體」又反過來使人與人之間的關係簡單且明確起來：只要信奉「道」並按「道」的示範行事，即使是沒有血緣關係的外人，包括外來人，都能像兄弟般平等地相愛相敬，連父母和國王也都一樣；但只要違背「道」，即使是自己的父母也不能加以拯救。這就是說，人之中雖親若父母兄弟，比起「道」又形同外人，這也許是那些執著「道」的人願意遠離父母兄弟，一個人到深山野林獨處的原因和動力之一。因此，對「道」的信奉，表面上看是一種捨近而求遠，一旦進入「道」的境界，人就不願意在生活的功利小節上苦苦糾纏，不再把自己的眼睛盯住別人、不再汲汲和同鄰人攀比、不想也覺得沒有必要去看別人在做什麼、想什麼。這種鄰人意識的淡薄，必然使人那種追求功利的心大大淡化，因爲功利心在多數時候都出於和鄰人的攀比，追求出人頭地。這個「鄰」字，有很廣的內涵，包括同年齡的人、同年級的人、同一個起跑線上的人等。過多的攀比他們，無形中便降低了自己的品位，使自己遠離了「道」；撇開他們，直接與「道」交流和對話，就能使人保持一種超然脫俗的心境和崇高的精神境界。

然而非常不幸的是，在中國文化中，儒家的學說在多數人中得到暢銷和貫徹，道家學說只在少數修道的人中得到實踐。之所以如此，是因爲儒家思想順從了人性中追求功名、出人頭地的弱點。要知道，儒家教人互相仁愛時，看起來好像也是非功利的，因而有很大的欺騙性。在孔子的言論中，大概以《論語》上的一段話最爲有名：

> 顏淵季路侍，子曰：盍各言志。子路曰：願車馬衣裘與朋友共之而無憾。顏淵曰：願無伐善，無施勞。子路曰：願聞子之志。子曰：老者安之，朋友信之，少者懷之。

孔子師徒的這番宏言妙語的確充滿對「人」的關懷，如果沒有道家的觀點，聽上去確實感人肺腑，但如果我們用道家的態度解析它就會發現，孔子師徒所要幫助的人個個都與自己有著特殊的關係。他們有的是自己的「好朋友」，有的是自己的長輩，有的是自己的晚輩，更重要的是，這種幫助多限於「物質」層面，對被幫助者沒有絲毫精神上的安慰和鼓勵。他們只是英雄們表現自己英雄業績和理想的場所及媒介，他們幫助別人，並從這種行動中得到滿足和享受，絲毫沒有想到如何使被幫助者徹底獨立、擺脫困境。他們因爲自己的這種慷慨幫助而陷於飄飄然的「成神」感覺，因爲別人對他們這種幫助的歌功頌德而感到異常舒服。在中國歷史的長河中，我們沒有看到有多少所謂的君子仁人對普通人施行過實質的幫助，更沒有看到有多少百姓因爲這種幫助而眞正脫離苦海，倒是看到了君子仁人如何因爲幫助別人而成爲「人神」，和人們如何因爲這些無效的幫助而頌揚他們恩澤如海的數不淸記錄。

「禮」淪落爲「送禮」

儒家除了提倡仁愛外，還提倡「禮」。

人們也許要問：既然孔子已經提出一個「仁」的概念，爲什麼又要提出「禮」的概念？一個重要的原因是，他可能已經意識到，單純通過提倡「仁」而讓一個普通或那些汲汲於眼皮底下功利的人自動地具備一種崇高的愛心，是絕對不可能的。正是在這種情況下，他又想到「禮」。「禮」原本是指上古時代人們進行種種祭神或祭祖的儀式。在古代的人看來，這些儀式乃是人與神或祖先對話、聯繫和求祂們保佑的唯一機會，爲了討好神且不得罪神，這些禮儀規定了種種嚴格的章程和法度。這些古人相信，在禮儀的進行中，人必須絕對地遵從這些法度，對神表示全心全意的「愛」和「敬」，而不能對「神」表現出一絲一毫的褻瀆和不敬，否則不但不能得到神的保佑，反而會受到祂們的懲罰。

孔子所看重的，就是原始禮儀中那種人對神的敬愛態度，

一

他要把這種人與神的關係搬到人與人的關係中，讓人們像對待神靈那樣對待自己的父母兄弟。也就是說，臣對君、子對父、幼對長、妻對夫，都必須像人在原始禮儀中對待神那樣必恭必敬，不能有半點違抗和褻瀆。這樣一來，孔子原來設想的那種人與人之間自覺的、自由的和相當不確定的「愛」，便變成了一種強制性的、無任何自由和變通的、極爲確定的愛。這些「愛」經過一個一個朝代統治者的整理和補充，變得越來越具體和固定，最後竟變成了誰也不能有半點違抗和懷疑的法則以及種種僵死的繁文縟節。在大多數朝代中，這種法則和禮節甚至高於法律，受到統治者們的大力宣揚和法律的保護。孔子提倡的「禮」，原本不過是用來鞏固人與人之間仁愛關係的手段和保證，但在實際的歷史進程中，禮走向了它的反面，一種原本屬於精神層面的東西，變成了粗俗的物質層面的東西，最後，精神的「禮」終於變成了物質的「禮」。人要想與別人攀關係，沒有禮品作爲引介，必將一事無成。

由於孔子提出「仁」和「禮」的概念，其基礎或前提是以一種非常確定、非常具體的「孝」，和一種高於一切、不容任何懷疑的「近愛」，然後又在此基礎上建立了一整套由近及遠按嚴格等級次序排列的「仁愛」系統，就必然把一種本來是極不確定、但又充滿活力的「愛」的精神轉化成精神的對立物或扼殺者，最後成爲統治者最喜歡的統治工具。事實上，就在孔子生活的年代裏，孔子想像中「禮」及與「禮」聯繫在一起的「愛」便已經不存在了。如果我們仔細閱讀孔子的書，就會注意到他的滿腹牢騷大都是爲此而發。例如，他常常哀嘆當時的「禮崩樂壞」，一再懷念他自己僅僅聽說、讀到，但從來也沒有親眼見到過的古老年代的種種禮儀。儘管孔子被後人奉爲聖人，他的當代人卻不買他的帳，把他當成一個凡人，甚至隨意對他斥責。像這樣一個凡人是不可能使「過去」復活的，儘管他到處向人們宣揚「過去」如何如何，儘管他快要成爲一個「生活在過去的人」，仍然沒有作爲。孔子想像的「禮」早已經死去了，其死去的標誌是，人們在這種作爲一種精神生活的「禮」的背後，偷偷地塞進了低俗的物質內容。漸漸地，人與人之間的交往或一個人對另一個人的尊敬和愛戴，不再僅僅是一種態度或精神的交流，還加進了物質的奉獻。「禮」中的「精神」成分越來越少，「物質」的成分卻越來越多，到最後，其物質的成分終於佔了絕對的上風，而「禮」成了「禮物」的代名詞。人要與別人搞好關係就要送禮物，「禮物」成了人們想要得到更大好處時的敲門磚，和人們「吃小虧，佔大便宜」的主要法寶。

仁愛的喪失

一種死去的生物肌體腐爛變質後還可以成爲肥料，但一種

「精神」死了卻會放出毒氣，毒壞人們的心靈。「禮」的出現不僅沒有挽救「仁愛」精神，反而使它成爲僵死的教條，無時無刻不在束縛和毒害人的心靈。作爲一種萬古不變的僵死教條，這種由「禮」規範的「仁愛」，一方面對人的自由發展造成極大的限制，另一方面又督促人永不回頭地進入和永遠停留在使精神僵死的「極端」。作爲一種限制，它逼迫人只以「這種」方式行事，而不能以「那種」方式行事。舉例說，兒子必須無條件服從老子，老子在任何時候都不能服從兒子；在老子面前，兒子只有孝敬和順從的份兒，而不能有任何反駁和批評的表現；即使老子事情做錯了，兒子也無權指責，否則就是大逆不道，不爲社會所容。這就是說，所謂兒子對老子的「愛」，只不過是服從老子和聽老子的話的翻版；而老子對兒子的「愛」，則是教育兒子學會對長輩的服從。這樣一來，人們在劃分「正確」和「錯誤」、「好的行爲」和「壞的行爲」

時，就再也用不著看事實本身，因爲在人們的觀念中，反正老子的話（或老師的話）都是對的，多說也沒有用。

當這種極爲「霸道」的仁愛教條滲透到人類關係的各個領域時，就成了人向一個極端傾向無限度發展的巨大促動力。這個社會中的每一個人，不僅必須劃地爲牢，忠實地扮演自己的角色，而且會爭先恐後地爭取扮演一個最出色的角色。舉例說，如果你是一個「爸爸」，你不僅言談舉動都要合乎一個爸爸的標準，而且要想盡方法做得出色；如果你是一個兒子，不僅言談舉動都要像個兒子，而且要做得比別人的兒子更像個兒子。結果，在一個「完美的老子」和一個「完美的兒子」之間的距離和區別就越來越大，最後各自站立在一個極端上，形成兩極對立的局面。

問題在於，當老子和兒子各自站立在自己扮演的角色極點時，他們之間的關係會不會是一種眞正的愛呢？回答是完全否定的。無數歷史事實證明，每當老子（包括社會各階層中的長者——從皇帝、父親到老師和家長）成爲社會推崇的完美老子時，他們對兒子那種自然之愛便發生了根本性的轉變——轉變成爲社會規範所要求的那種愛：作爲一個父親（或一個皇帝、一個老師），他必須經常以一位長者和有學問的姿態，居高臨下地對自己的兒子施行教訓。這就是說，一個父親越是完美，就越應該顯得有豐富的知識和有「教訓」兒子的能力，而他們對兒子的教育越多，也就越覺得自己比兒子高明，他們越是覺得自己「高明」，就越少察覺到「自我修養」和「自我批判」的必要性，最後竟會理所當然地認爲，他們所說的每一句話都是無可辯駁的，他們頭腦中的每一種想法都是正確的，他們做的每一件事都是天經地義的。一句話，他們本身就代表了絕對眞理。當事情發展到這一步時，這些「完美」的父親、教師和家長們，便成了大大小小的「權威」人士。作爲權威人士，他們最需要的東西不再是「愛」，而是晚輩的服從。他們心目中的標準只有一種：服從我便是愛我，不服從我便是不愛我；他們對待晚輩的方式也只有一個：順我者昌，逆我者亡，只要順我，干戈即刻化為玉帛，只要逆我，仁愛頃刻化為嫉恨。這也許是中國歷史上有那麼多老子和老師毒打兒子和學生，有那麼多皇帝殺死忠臣的原因吧！假如我們追究一下這些事實的眞相，就會發現這些兒子、學生和忠臣們都沒有做出大不了的壞事，做兒子的只要表示一點兒不同意見就要挨罵了，為臣的只要表示一點與皇帝老子不同的意見，就足可以遭到殺身之禍了。

與此同時，作為兒子、臣子和學子，又會一個勁地向另一個極端發展。當這種「兒子」角色發展到完美水平時，他們每做一件事或每想一件事，都會首先想到這樣想或這樣做是否合乎其老子的「口味」，而不是想到如此想和如此做是否符合眞理。在他們的意識深處，總好像有一個嚴厲的監督者，在居高臨下地審視著自己的一行一動。這個監督者當然不是「客觀真理」和「律法」的代表，而是自己長輩們隨意的個人喜好。由於這個所謂的「監督者」總是隱藏在意識深處，所以即使老子不在跟前時，他也會感到像是在受著監督似的，因而會隨時注意修正自己的言論和行爲，使之與老子的一致，一旦感到不一致，便立刻有一種犯罪感和恐懼感。這樣一來，他們原本那種積極的批判、創造和懷疑精神，就完全被一種低聲下氣的奴隸心理取代，而他們原有的那種對長輩的自然之愛，便爲一種恐懼感所取代。他們一方面爲「權威」們的氣勢所威懾，另一方面又羨慕權威，夢想自己有朝一日也成爲一個權威。當然，這種夢想一般是難以很快實現的。他們知道，只要老子一天不退出「舞台」，即使他們自己已經步入中年或老年，也很難有自己的立足之地。只有那些高唱「老驥伏櫪，志在千里」的老子們死去時，他們才能踏上權威的寶座，而一旦自己成爲權威，便學著老子們的樣子，對待起自己的晚輩。

一句話，在這個社會中，所有的人都在一個特定的場合被推到兩個極端之一：要麼是一個神氣十足的權威，要麼便是一個逆來順受的奴隸。當然，一個人在不同的場合會擔任不同的角色，例如，在先生面前是一個必恭必敬的學生，在自己的孩子面前就是一個神氣十足的老子。但不管在什麼時候，一個人不是長輩便是晚輩；不是先生便是學生，絕沒有調和的餘地。既然是先生，就必須像先生的樣子：正襟危坐、不苟言笑、全能全知、百般挑剔等，如果稍微表現出一點學生的特徵，如隨意說笑或常常對學生說「這個問題我不知道，那個問題我不清楚」，就要受到譏笑，甚至失掉飯碗。先生都應該是全能全知的，他怎麼能說出「我不懂」或「我根本就不知道」的話呢？不管是在古代的中國還是在現代的中國，大大小小的先生給人的印象都是全能全知的，即使他們對有些問題不懂，也要裝出一副「很懂」的樣子，一知半解的人是萬萬不能進入先生的行列的。反過來，如果是一個學生，其言行中就不能有任何「先生」的成分，假如有時候覺得自己能夠回答出一個先生都不能回答的問題，他也不能在大庭廣衆面前說自己能回答，否則就會被斥爲狂妄自大、目中無人，永遠成不了一個「好」學生。一個好學生只能虛心聽老師的教導，並對這些教導毫不懷疑；與之對應，一個「好」先生的顯著標誌，就是善於讓學生絕對服從自己。在人們的心目中，先生都是「完成」了學業的人，既然學業已經完成，就再也不用像學生那樣「求學」了。先生有先生的職責，那就是誨人不倦地「輸出」知識；學生的目標則是刻苦攻讀，爭取有朝一日也像先生那樣「全知全能」，最後成爲像孔子那樣的「大正至聖先師」。因此，不管是老師還是學生，最後的目標都是「教導」別人而不是受教於別人。

當一個社會中所有人的目標都是成爲一個能教導別人的先生時，人與人之間還會有眞正的愛嗎？

照理說，既然這些古代的先生們（這兒的先生泛指君、師、親等長輩）教導學生的一個主要內容便是仁愛，他們自己做到仁愛想必是不成問題的，但實際情況卻不然，老子的名言「言者不知，知者不言」非常適於這種情況。由於他們每時每刻都在談論仁愛，所以自己心中的仁愛反而都跑光了。對於其中的奧妙，西方懷疑論者夏夫斯博里也有一番妙論，他指出：「愛」和任何形式的「自我懷疑」都是水火不容的，『對於一個心神被愛所迷惑的人來說，不管他怎樣設法使自己獨自靜處，都不能恢復自己的自然面目。他的情況就像那些一心爲了討好公衆的作者，被自己的想法逗弄得心神不寧，無法自己。在這種情況下，即使他想用『沈思』的手段排除干擾，自己嚮往的那位所謂的『佳人』也會神不知、鬼不覺地進入他的心田。在這種情況下，不僅他的行止坐臥都不可能再是他自己，他的每一種想法、每一種表情、每一聲嘆息，也都不再是爲自己而發了：它們必須恰如其分，以免無形中損害了他心目中『佳人』（或公衆）的喜好。即使那些他自己過去最喜歡的行事方式，如果不爲他的『佳人』或公衆所喜歡，他也會設法把它們掩蓋起來。」[1]

與夏氏所說的這種人相比，中國古代那些大談「仁愛」的統治者和先生們是有過之而無不及的。他們自己本來就因爲「仁愛」所迷惑，還要整天喋喋不休地教人什麼是仁愛。他們全部心思都集中在被教訓者的所思和所想，爲的是對症下藥地取悅他們和教導他們，根本就沒有功夫去想自己的不足，也不敢去想自己的不足。作爲對別人施仁愛者，他們必須裝出絕對大公無私的樣子；作爲一個導師，他們必須堅信或裝出自己知道世界上的一切事情，能夠和最有資格談論那些自己知道的和不知道的事情。一句話，他們必須是周圍所有人的榜樣，別人總是對他們仰頭而視。

很明顯，當一個人的一切思想、感情和行爲長此以往都是爲了討好或取悅別人時，他就會失去自我和失去周圍其他人的眞實面目。此時他看上去似乎是在愛著別人，其實只是愛著自己理想的或想像中的「人」，一旦他某時某日發現這些實際的人不符合自己的理想時便會勃然大怒。在大多數情況下，老師（君、親）之所以對自己的學生（臣子、兒子）施行殘酷的懲罰，其源蓋出於此。

至於那些暫時處於低位的學生（包括臣子和兒子），他們看上去是「愛」的被施予者，實際上只不過是師長們「理想」的寄託者。他們在師長面前同樣不能流露和表達與師長的「理想」有所不同、但又是屬於自己的自然感情。他們只能像師長要求的那樣，對他們教授的種種絕對眞理接受再接受，而不能有任何自己的發揮和創造，更不能有任何的批評和懷疑。長此以往，他們原本的那點敢於對事物問「爲什麼」的一種自然「反向作用力」就消失殆盡了。此時即使被塞進很多很多知識，也只能像一粒泡在水裏的乾死黃豆，最多是膨脹一番，到底也發不出芽來。

因此，雖然孔子的「仁」和「禮」最初的意圖是讓「愛」和「敬」充滿人間，到頭來卻導致人們懷疑精神的全面喪失，和人與人之間全面的分裂和對立——兒子與老子的對立、君與臣的對立、老師與學生的對立、夫與妻的對立、上級與下級的對立等等。在中國封建社會裏，這種對立發展到頂峰，就導致男人與女人全面的和極爲嚴重的兩極對立，結果是使整個社會成了一個巨大的悲劇舞台。我們知道，在一個社會中，男人和女人之間的正常關係應該是老子一再說的那種陰和陽的互補和互生關係。這種互補和互生就像水與火的融合，達到的是一種既不過熱亦不過冷的「溫和」狀態。要做到這一點，男人就不能像一團火焰那樣，依照自身的野性，毫無顧忌地向著「男性」的極端發展；女人也不能像水那樣，一個勁地向「低」處流淌，否則男女之間永遠不能達到一種水火相濟的和諧狀態。

值得注意的是，老子一開始就看到了儒家學說的這種弊病，規勸人們要學會像水那樣「趨下」，像女性那樣溫柔。他反對大男人主義，其意圖就是防止男人將其男性發展到極端。然而不幸的是，孔子以血緣關係爲基礎的「近愛」觀太接近無文化的人的野性了，所以人們對它的接受就相對容易得多。當這種「近愛」觀導致男人和女人分裂，並形成男女對立的局面時，男人和女人便成兩大類永遠固定的、絕對不能自由地向相反方向發展的存在，這時候男人就是男人，男人中絲毫不能有任何女人的成分。男人如果有了女人的溫柔氣息，從事起女人家居中紡紗織布、洗菜刷碗的事情，就會受到周圍一切人的嘲笑，在社會中再也抬不起頭來，因爲在別人看來，他已經不是一個男人。女人則必須是純粹的女人，女人中如果有了任何男人的成分，穿男人的衣服或做男人的事情，就會被社會輿論殺死。爲了讓女人永遠停留在女人的限度內，不知從什麼時候起，人們想出了給女人纏腳的主意。女人一踏起三寸金蓮，便會顯得更溫柔、更服從、更弱不禁風，也就不能再嚐試男人做的事情。（當然，女人纏腳還有其他一些複雜的社會歷史原因。）這世界史上絕無二例的三寸金蓮，是古代中國男女大分化的象徵，也是中國文化完全背離老子思想的鐵證。很顯然，在這樣一個男女如此分化的社會裏，人與人之間想要保持一種仁愛關係根本是不可能的。孟子本人的一個故事就足以說明這一點：

據說，孟子小時候受母親的教導和督促十分勤奮好學，對孔子的仁愛思想推崇備至毫不懷疑，認爲要保證仁愛之風的推行，人人都必須遵照「禮」行事，他自己也盡了最大的力量，努力使自己樣樣事情都合乎「禮」的原則。有一天，孟子的妻子一個人坐在自己的房子裏，很隨便地將兩條腿交叉起來。正在這時，孟子推門進來，看到妻子這種不規矩的樣子，頓時把門一閉，氣沖沖地跑到母親那兒，要求休掉妻子，理由是妻子違反了「禮」。直到他母親問明了原因，知道此事的過錯是因爲孟子在未敲門的情況下闖進妻子的房子，而不在於妻子的行爲不檢時，孟子這才作罷。

這一故事說明了什麼？誰都知道，在古代，一個女人一旦被男人所休，這一生就算完了。孟子因爲如此一件小事就想休掉自己的妻子，這到底算不算是仁愛之心？也許他自己認爲是這樣，但事實卻恰好走到了他願望的反面，這樣一種奇特的結果，不正是整個中國社會在仁愛思想統治下的縮影嗎？

在現代中國，這種事也許沒有了，但人們從一個極端走向另一個極端的積習並沒有消失。千百年養成的習慣所形成的慣性力量使中國人成爲一個特別喜歡處於「極端」的民族。一件事非好即壞，一個人非敵即友，一個單位必有兩大陣營，如此等等，不一而足。

面對這種悲劇，以老莊爲首的道家做了不懈地鬥爭。他們一再指出，「仁愛」作爲一種極不確定的精神存在，是不能先由聖賢加以規定，然後在大衆之中不斷宣揚、談論和推行的。儒家這樣做完全是出於一種功利目的，所以他們總是按照功利的法則，給予具體的固定。但是結果往往相反，他們越是想將它具體和固定化，越是對它做出硬性和確定的規定，就越可能失去它。針對這一做法，老莊勸告人們以「無爲而爲」的態度對待它，絕不能將它當成一種現成的教條在大衆中推行。老子在《道德經》第五章中特別指出，人與人之間的關係應該仿效天地。天地沒有意志，無所謂仁愛與否，它孕育萬物，讓萬物自生自滅，既不偏愛它們，也不輕視它們，所以其間的萬物才能欣欣向榮。同樣，眞正的聖人對人和萬物也是沒有偏見的，他只是讓百姓自然生活，既不親近他們，也不歧視他們。正因爲如此，百姓才會自然地生活，安居樂業。聖人做出這樣的榜樣，一般的百姓就會少管周圍人的閒事，多返回自己的內心檢查自己，從而像「道」本身那樣，保持一種自然的「反向作用力」，使自己永遠精力充沛、精神飽滿，這樣的人不干涉大自然，也不干涉別人的事情，所以特別有利於大自然和人類的和諧發展。百姓不需要得到「聖人們」的口頭之愛，只需要天地自然間切切實實的愛，並以同樣的愛回報天地自然，只有這樣天地間才會充滿愛。這就是老莊理想的社會和文化。

然而遺憾的是，在儒家仁愛思想的阻撓下，老莊的理想沒有實現，中國文化淪爲一種特別講求「關係」的文化。一面張著血盆大口的關係之網，吞食了中國一切眞正的文化，滋生眞正仁愛的土壤幾乎不復存在，而滋長功利思想的土壤卻越來越肥沃。面對這一局面國人該如何行動才能使中國成爲一個眞正有文化的國度？

註釋：

❶夏夫斯博里：《規勸作者》，倫敦版，一九一五年，第一一六頁。

4 中國文化與中國藝術

中國藝術與兩極融合

中國傳統藝術是中國文化最絢爛多彩的一支。它早期發展受到儒家思想和道家思想的雙重影響，後來又受佛教影響，所以在不同的歷史時期，其創造意圖（功能）和形態都各不相同。但是，儘管中國傳統藝術源遠流長、種類繁雜、流派衆多，卻有著一種共同的特性，使之區別於西方藝術和其他國家的藝術。從創作意圖方面說，中國傳統藝術重視載道、表意、言志、意境，而不單純於模仿；重視眞、善、美合於一體，而不單純表現美（或眞、或善）；重視表達人內在精神的整體，而不單純表現其中某一特殊情感或願望。從創作方法上說，它重視兩極交融，總是在兩個極點之間的中間地帶做「文章」，認爲最高超的意境停留在兩極的交融中。這種「兩極」是多種多樣的，如形與神、似與不似、虛與實、白與黑、稀與密、少與多、悲與喜等。從總體上說，它的創作意圖和表現技法都聚到同一個東西，那就是「兩極融合」，任何兩極一經藝術融合，就有可能造成一種超然境界。這個境界或許包含許多現實生活的要素，但在這種重視融合的藝術中，其功利性就得到過濾，成爲完全非功利的東西。

「反者道之動」——融合的動力

既然中國傳統藝術的關鍵在於兩極融合，那就要看它怎樣達到這種融合。不可否認，在影響中國傳統藝術的儒、道、釋三家中，儒家和釋家也是重視兩極之間的中間地帶，儒家所講的中庸就是一例。但是，對於如何達到融合這一關鍵問題，眞正提出答案的還是道家。老子在《道德經》中不僅不止一次地描述了這種融合，還提出達到這一融合的「反者道之動」的原則。老子稱呼這種融合爲「玄同」，所謂「玄同」就是與道同體，所以融合就是得道。他這樣說：

> 塞其兌，閉其門，挫其銳，解其紛，和其光，同其塵，是謂玄同。
>
> ——《道德經》，第五十六章

老子在描述一個得道人的狀態時，也涉及到這種融合，認爲得道者是多極融合的產物。他這樣描寫說：

是以聖人方而不割，廉而不劌，直而不肆，光而不耀。

——《道德經》，第五十八章

對於如何通過一種與道的運動相似的「反向作用」達到這種融合，老子也提出許多警言：如「知其雄，守其雌」／「知其白，守其黑」／「知其榮，守其辱。」／「明道若昧」／「進道若退」／「夷道若類」／「大白若辱」／「大方無隅」／「天下之至柔，馳騁天下之至堅。無有入於無間」……等等。他還特別指出，得道之士的這些反向行爲不是裝出來的，而是自然而然的，它們也和天命一樣，「禍兮福所倚，福兮禍所伏」；也和天道一樣，「高者抑之，下者舉之，有餘者損之，不足者補之。」最重要的是，老子還提出爲了讓兩極在中間地帶相遇相融，讓「柔弱者處上，堅強者處下」的顚倒原則。這一道理最容易通過水與火的遭遇方式得到理解。水是柔弱的，火是剛強的。水的自然本性是趨下、趨寒；火的自然本性是趨上、趨熱。所以當水處下，火處上時，二者總是南轅北轍，永遠不能相遇。但是，如果將它們的位置顛倒過來，使水處上，火處下，二者就很容易融合爲一體，造成一種水火相融的溫暖環境。這種環境就像萬物生發的春天一樣，有著無窮的生機和豐富性。

老子的這一系列論述，是中國傳統藝術的思想基礎，在千百年的流傳中，已經成了中國文化藝術的集體無意識。最能證明這一點的，是中國建築中的飛檐結構。圖㈢標示的，就是構成各種「飛檐」的奇特曲線結構。

無庸置言，這種曲線頻繁出現在中國傳統建築亭台樓閣的飛檐上。它給人一個最突出、最深刻的印象是：看似騰空飛起，又好像是牢牢地紮根在大地上；乍看是動的，仔細一看又是靜的；好像在上升，又好像在下降；看去激揚奮發，又不失

圖(三)

柔情萬端。它爲什麼會給人如此奇特而又自相矛盾的印象？因爲在它上升的趨勢中似乎又蘊含著下降的力量，在下降的力量中又含有上升的趨勢。總之，凡是有正面的因素出現，必有負面的因素與之相隨。我們仔細觀察這條曲線，不管是其動的趨勢還是其靜的趨勢；不管是其上升的趨勢還是其下降的趨勢；不管是其激揚的趨勢還是其柔和的趨勢，每當它們走向它們的極端而不能再前進一步時，便有一種「反向作用力」及時對它牽制，逼使它向與原來相反的方向回返，使它永遠處於升和降、動和靜、強和弱、硬和軟、直和曲之間。

中國藝術與「非確定性」

兩極之間的融合造成的是一種「不確定性」。按照老莊，「非確定性」是人心或精神最突出的特徵。一件東西可以是活的，但不一定是精神的，要想成爲精神的存在，它就必須具有這種典型的「非確定性」。這一道理在東西方傳統中都是相通的。爲什麼西方古代使用諸如半人半獸的孫陶、人首獅身的斯芬克司、獅首蛇髮女身的「肖克米特」太陽女神、人首鳥翅的「人首飛牛」（見亞述雕刻）等，那麼多非確定性的形象來代表自己的神靈？爲什麼中國傳統中頻繁地使用龍、四不像、麒麟、鳳凰、牛頭馬面等等極其「不確定的」的形象作爲自己崇拜或懼怕的神的形象？都是出於這一原因。一個更爲有趣和更具啓發性的現象是，歷史上有許多雕塑形象，它們原來是完整的，但由於某一次災害，或是面孔受損，或是肢體破碎，但奇特的是，壞事竟然變成好事。這樣一來，其精神特徵不僅沒有丟失，反而因此而成倍地增加。舉例說，埃及基澤的卡夫利法老王金字塔，旁邊伏臥著高達二十公尺的斯芬克司人首獅身像，其面部本來是按照卡夫利王的相貌塑造的，然而在伊斯蘭教入侵時，這個雕像的面部被破壞了：鼻子崩落了，眉毛和眼睛也模糊了，誰知這一破壞卻給這尊雕像造成一種奇特的笑容。在大漠風起、黃昏日影時，其面目更顯得朦朧神秘，似乎有一種人類永遠參不透的精神散發出來。再如成爲斷臂女神的梅羅的維納斯雕像，它在當初被塑造時肯定是完好無損的，但是發掘出來時卻缺少了兩臂。人們曾就它的原來姿態做過無數次爭論，它原來的手臂是拿著金蘋果還是手握戰神的盾牌？是向前平伸的還是彎曲的？是舉起來的還是手拉著那裏著下身的披布？這些猜測和爭論注定不會有定論。人們覺得，無論把它想像成什麼樣子都不協調、不自然，最後決定與其把它缺少的部分補上，還不如就讓它仍然缺少兩隻胳膊。人們爲什麼覺得它缺少兩隻胳膊反而比補上這兩隻胳膊更美？其原因就在於在它缺少兩隻胳膊後，反而變得更加「不確定」了。「不確定」使它具有更深奧的精神特徵，正是這成倍增加的精神特徵使它比其他地方的「維納斯」雕像有著更加永恆的魅力。

中國古人在長期的摸索中，找到了「龍」這一與上述西方神靈形象極其不同的形象。它的「不確定性」與「曲線性」合爲一體，給人的印象更爲強烈和奇特，成爲人類史上一項偉大的創造。我們設想，如果龍的形象不具有曲線性，或是只有曲線性而沒有「非確定性」，就像一條大蛇或一條大魚那樣，它的精神特徵便立即降低。它也許讓人們爲它的「巨大」而贊歎，就像人們看到任何一個巨大的東西都要吃驚和贊歎一樣，卻不能由此而使人從中感受到一種精神力量。龍的「非確定性」是極奇特的，它不僅非蛇非魚、非獅非鷹、非牛非虎，而且好像集合自然界所有雄奇動物的精華。這種集合中不僅僅包含諸因素的相加，還包括它們之間的相減。相加使它顯得更有力量，相減使它顯得更加神奇並且更加具有精神魅力。但就龍的形象來說，其不確定性不僅體現在曲線中，還體現在各種互相矛盾的特性中。這種不確定性是由「道」特有的「反向作用力」所造成。因爲在這種龍的形象中，這種「反向作用力」總是在恰到好處時出現。比如說，牛的角象徵牛的力量，但牛又是一種只有力量而無靈氣的動物，所以龍的形象中設置了牛的角，但同時又設置了蛇那彎曲靈活的身子。這種靈活性和變化性一方面克制了牛的蠢笨性，又使牛的力量性有了更廣闊的施展餘地。實際上，這種相生相克的關係在「龍」的形象中無所不在。以它鷹的爪子和蛇的身子之間的關係爲例：蛇原本是以嘴和舌捕食，現在有了鷹的爪子，立刻使它的威力增加百倍；

蛇原來只能在地上爬行，鷹的特性卻使它具有了騰空飛翔的能力。但它們之間的相克關係又是顯而易見的：蛇是毒的，鷹是克毒的，這種相克使龍看上去既沒有蛇的毒，也沒有鷹的凶狠。總之，各種力量和特性在龍身上相生和相克，使這個形象有了奇特的精神特徵。正因爲如此，它使我們看到了一個沒有翅膀但能飛行的實體而毫不感到奇怪。我們可以想像，要是我們在別的場合看到這種情形，早就罵它荒唐了。

這種奇特的「非確定性」，正是中國藝術傳統用來判定一件藝術品之藝術性高低的重要標誌，也是中國傳統藝術傑作中處處可見的一種特性。有一句中國古話說，「藝好學，神難描」。中國傳統藝術從繪畫、書法、舞蹈到唱戲、演戲，人們只要經過一番苦學苦練，達到技術的爛熟是容易的，但是僅由爛熟的技藝而達到的東西還不叫藝術，或是說還稱不上好的藝術。好的藝術要傳神，「神」的最主要特徵就是剛才我們所說的非確定性。以戲劇藝術而言，戲劇大師梅蘭芳所表演的貴妃的醉態、西施的含愁、林黛玉的悲秋、趙豔容的裝瘋等，就與一些末流演員的演出效果極其不同。前者把這些人物的神，即人們想像中的這些人物在悲歡離合時的神情笑貌，以及她們的主要性格特徵逼眞地展示出來；後者卻往往使人感到茫然似有所失。那麼戲劇效果爲什麼會出現如此之不同？一句話，前者深悟道家「反者道之動」的根本原理，後者則修養低淺，對這個原理沒有任何體驗。人們說，梅派的表演也與梅花一樣，具有「疏影橫斜清切淺，暗香浮動月黃昏」之奧妙。他的每一招每一式看上去都像梅花那樣，在淡雅之中寓有濃烈的精神內涵；在古秀中藏匿新奇的生機；在清香中飄撒深沉的感覺和感情。「疏影橫斜」，是說他演唱時鮮有過度華彩的唱腔，動作中少有重覆和過度渲染，卻處處出奇制勝，通過一剛一柔、一顛一挑、一滑一壓、一升一落、一直一顫等，使音樂的旋律如疊浪翻湧，並在這種種正反的相互作用中將人內心情感和外部音容笑貌揉爲一體，看上去最抽象卻最明快。很明顯，這種「既清且淺」的表演形式，是表現精神所特有的那種難以用言語傳達的非確定性質的最佳選擇。「暗香浮動」，從更深一層道出了流動瀰漫的「精神」本身的特色。我們知道，日常生活中的感情表達常常因爲太過或太不及，使這種表達喪失其精神的內涵，而淪落爲一種低而俗的物質活動。這種缺陷在中國傳統藝術中得到克服，它爲了使表達出來的感情上升到精神層次，以「暗淡模糊」代替「直接明朗」。以花旦的苦和笑爲例，它絕不能是哈哈大笑和哇哇大哭，如果這樣戲馬上就演砸了。正如有豐富表演經驗的大陸老演員荀慧生所說，在「笑時主要是運用面部肌肉的活動，眉和目的配合，嘴微微一動就行了，即使嘴張開，也注意不要張得過大，時間過長，略一開和，立刻用手絹捂住……，哭的更講究，除了抿嘴唇以外，也得靠面部肌肉和眉目來配合。小哭全靠臉部，大哭身上可以微微顫抖，兩肩微微聳動就夠了。如做的動作過大，故意地咧開嘴，故意地把兩肩一聳一聳的，就談不上藝術美了。」這種恰到好處的藝術表演，即戲劇表演家們常常說的「文不慍，武不燥。」這裏所說的「不慍」和「不燥」正是「反者道之動」原則的體現。在戲劇表演中稱爲「掌握火候」。以演花旦戲爲例：花旦表演時，活潑不等於風騷；爽朗不等於潑辣；細緻不等於繁瑣；含蓄不等於粗野；端莊不等於呆滯；沈靜不等於平板。如果演員表演時爲了表現小姑娘的活潑，儘量往「火」裏作戲：頭亂晃，身子亂晃，臉上鼻子眼睛亂動，就會把戲唱假了。花旦的咬手絹和捻衣襟，本來是表現小姑娘害羞靦腆的樣子，所以咬手絹要似咬非咬，這和女孩子含羞時把食指微微放在下唇邊或者靠近牙齒用牙稍稍咬住的情形一樣，能給人以柔媚、不好意思的印象。如果做過了火，一邊用牙使勁咬，一邊用手使勁往下抻，就如同用手絹勒牙，這樣的結果，形象既不美，感情也不對。因爲從感情上說，這樣做好像表現情急，內心的許多慾念無處發洩，所以只好借手絹來消散。如果花旦微咬手絹、輕捻衣襟，表現出來的就是嬌羞可愛、耐人尋味；如果用手絹勒牙、揉搓衣襟，表現就過火了，必然顯得色情淫靡，也就是俗話說的，把戲演得「粉」了。❶

從中國戲劇的實踐中我們看到老子「反者道之動」法則的濃重痕跡。戲劇之所以是戲劇，是因爲它在日常感情表達方式中加入一種反向之力：在日常生活中，人們的感情表達多數受功利目的的驅使或爲功利目的的服務。在這個具有強大吸引力的「目的」左右下，其感情表現就完全失去了那種牽制它向「極端」地帶發展的反向力量，結果，這種感情只能像火那樣熊熊燃燒，最後落到柴盡火滅，變爲冰冷死灰的下場。烈火熊熊和死灰冰冷都是感情表現中的「死亡」區，在這個區域感情永遠是「死」的，更何談上升到精神的層次。然而戲劇表演就不同了，在這兒，作爲一個成熟的演員，其反向意識——即克服功利心和功利心激起的那種感情衝動意識——完全有力量使這種感情表達不至於走向極端。在這兒，反向作用力的代表不是「無意識」，而是「有意識」，它是作爲一種與日常生活中慣性感情表達故意相反的意識。這種有意識的「克服」不同於「造作」，它十分注重火候的掌握，從而保證戲劇感情的表現永遠「不慍不火」。在這種狀態中，人的唱腔動作、思想意識和感情表達合成爲一個東西，成爲一種可以使人回味無窮和無法言傳的「自由的精神性表現」。

這種「非確定性」的精神因素不僅出現在中國戲劇和中國繪畫中，還出現在中國的文字符號和文學裏。中國文字比起西方文字具有豐富的形象性和不確定性，然而即使如此，要想使文學表達具有那種「非確定性」的精神特徵也是很不容易的。

正因爲如此，老子《道德經》一開始就提出了「道可道，非常道」的至理名言。然而老子如此說，並不等於一口否定了用中國文字符號表達「精神實體」的可能性，因爲他在以後的章節裏，又提出了「反者道之動」的原則，正好解決了如何用語言表達「精神性」實體的困難問題。在這方面，老子《道德經》本身就樹立了一個典型和榜樣，書中到處充滿了反抗世俗語言或日常語言的「反語」或「反話」，靈活多樣地運用了「反者道之動」的原則。老子的寫作方式在後來出現的大量詩詞和小說形式中得到應用。爲了說明中國文學語言是如何以自己的「非確定性」達到表達精神之目的的，我想在這兒對李白的一句詩行中「反作用力」的運作情況作一簡單描述。這一首詩是：

秋水清無力，寒山暮多思。

——李白《勞勞亭》

本詩行第一句的前半部分即「秋水清」，屬於極普通的日常表達方式，而且符合日常邏輯，所以任何人讀到這兒都不會有什麼困難。但是，如果詩句的這種「合理性」從「此處」往後一直如此這般地繼續下去，這詩句讀上去就會顯得像繪畫中的直線，懂是好懂，但平鋪直敍，與那些毫無精神特色的日常語言沒有多大區別。換言之，在這一詩句裏，從一開始起的那種趨向如果只沿著一條直線走到底，就會走到這種趨向的「極端」，到達詩句的「死亡」地帶。然而詩人並沒有這樣做，他在「清」字之後便及時加上一種反作用力，這個反作用力即「無力」二字。作爲一種反向作用力，「無力」二字恰似一堵豎立在詩句之關鍵部位的閘門。任何讀者讀到這兒都不得不停下，絞盡腦汁去解決出現在腦海中的一連串問號：作者怎麼會把秋水寫成是「無力」的？秋水本是一種物理物，說它是「清澈」的還合乎情理和邏輯，但說它是「無力」的，於情於理就說不過去了。這一閘門使讀者的思想不能再按照原來的思路繼續進行下去，而是迫使它返回身來，一直後退到句子的主語「秋水」，對之作重新的觀照和反思，對「秋水」作進一步的理解。它在「秋水」的「清澈性」和「無力性」兩種性質之間作反覆地「聯繫」和「混和」，最後使二者有機地結合爲一個整體。這個新的整體屬於世界上最不確定的事物，它既有秋水的清澈和冰涼，又有一個弱質少女的柔軟無力；這少女看上去似乎是含情脈脈，羞於吐露自己的眞情，實際上其心靈卻美好、清澈、一望而見底；她的痴情有如那日夜流動的秋水般永恆不斷，卻又因爲長期的等待而憔悴無力；它既有自然界的美好，又有人細膩的情感……，最後，這種非確定性不僅導致了詩句含義的多樣性，而且似乎成了某種「精神實體」的激活劑，使這些含義在一種極不確定的狀態中漸漸凝聚爲精神的東西。

很明顯，「無力」一詞含有一種反向作用力。沒有它，秋水最多是物理界裏一種美好的東西；有了它，秋水就不再是原來那個僅作爲「物理物」的秋水，而成了一種人格化的、具有生命和感情的東西。當然，這種改變是通過對讀者「接受過程」的改變而改變的。在讀者讀到句子的前半部分時，用的是他的「邏輯思維」能力，而當上述的「反向作用力」出現時，其「邏輯思維」便再也無能爲力了，於是便有了人的其他心靈能力的參與。這種參與使整個接受過程成爲極不確定的過程。從時間順序上講，它先從「主語」中走出，遇到阻力後便又返回到「主語」，在這之後，又經過幾度的顚倒和來回聯繫，最後形成的是一條相當曲折的「曲線接受過程」。

在一定程度上講，本詩句的第二句「寒山暮多思」給人的精神性體驗似乎就更爲強烈。秋山蕭瑟，暮色沉沉，本是一種朦朧的自然景象，然而當人讀到「多思」二字時，它所代表的那種強大的反作用力便立即將人的心靈閘門打開，朦朧的暮色本來就具有「精神」的不確定性，這時再加上人們心靈世界的參與，便得到數倍的提高：不知是這兒的寒山像一個患相思病的人一樣在暮色中苦苦想念著遠方的親人，還是這兒有一個人在觀看暮色中的寒山？這種非確定性不僅是美的，而且美中帶酒，讓人即刻陶醉其中。

在中國古代詩詞中，這種以「反向作用力」取得強大精神性效果的美好詩句俯拾皆是，其中有些名句是人們反覆吟誦的。王勃的「海內存知己，天涯若比鄰」、杜甫的「國破山河在，城春草木深。感時花濺淚，恨別鳥驚心」、柳宗元的「千山鳥飛絕，萬徑人蹤滅。孤舟蓑笠翁，獨釣寒江雪」，都是這方面的傑作。這些詩中不僅讀起來朦朧秀美，又具有驚心動魄、悲壯雄渾的巨大精神力量：國家雖然被滅亡了，但大好江山卻依然故在；家園荒涼，人對故國的熱愛卻因此而更加強烈；縱有千山，卻無一鳥，縱有萬徑，卻無人蹤，這一正一反的力量相互作用，造成無窮的詩味，達到了高深的精神境界。

「技法」與「道」的合一

人們說，中國藝術重視技巧，但是這種技巧並不同於西方人的技巧。西方人的技巧含有方法的意思，它與技巧最後達到的結果和目的不是一回事。但在中國典型的傳統藝術中，技巧就是目的，技巧就是哲學，技巧就是修道。中國書法講究一波三折，欲左而右，欲上而下；中國繪畫講究計白當黑，虛實相間；中國戲劇講究不慍不火；中國建築講究藏露相輔、疏密相間、含放相佑、大小相用、內外相借、動靜相宜；中國園林講究山水相間、天人合一……如此等等，都是對老子「反者道之動」哲學有意無意的體現和實踐。

老子的道與中國傳統藝術的關係是如此緊密，所以當一個中國書法家不厭其煩、反覆書寫同一個字時；當中國詩人和讀者不厭其煩、一代復一代朗誦同一首詩詞時；當一個中國京劇大師和戲劇愛好者們反覆唱一句老詞時……，這些活動本身就是修道，而不僅僅是一種娛樂。他們一次一次在正中有反的過程中體會到道的眞實內涵；一次一次由此進入兩極之間的高尚精神境界；一次一次得到道的洗禮，從而進入文化的高層次。

人之所以是人，是因爲與物相比，具有了「精神特徵」；精神之所以是精神，是因爲它永遠在懷疑、批判和與種種「確定性」觀念或概念的逆行中到達一種新的和神奇的非確定性。在中國傳統中，眞正能代表中華民族精神的東西，並不在歷代統治者讓人們死記硬背的種種含義確定的和不容更改的聖賢教條中，而是在它絢爛多彩的藝術裏。中國藝術是中國人的驕傲，也是中國人存在的家園。

註釋：

❶荀慧生：《花旦表演瑣談》，見《談藝錄》，第三八～四十頁，光明日報出版社，一九八五年。

5 中國文化與宗教

道與上帝

如果說西方文化的基礎是基督精神，中國文化的基礎就是道的精神。

正因爲如此，中國文化與西方文化相比較，一方面有著強烈的差異，另一方面又在一些根本的原則上，即什麼是在文化的根本上，息息相通。

作爲西方文化基礎的基督精神乃是希伯萊文化與希臘文化的奇妙結合物。基督精神的一個重要標誌在於它只承認一個萬能的神，在它看來，上帝是萬能的和至高無上的，這一點與中國道家只承認道是至高無上的思想是一致的。教父伊里奈烏（公元一三〇～二〇〇年）在他著名的《反異端論》中指出：

「我們信守的眞理標準，乃是相信一位全能的神，它藉著它的道創造萬有，從無中生有。」教父西普利安（公元一三〇～二〇〇年）在其《論公教會的統一》中強調：「神是一，基督是一，神的百姓是由協和而連成爲一體。」奧古斯丁在其《懺悔錄》中對上帝的讚頌非常相似於老子對道的讚頌：「上帝至高、至美、至能、無所不能；至仁、至義、至隱，無往而不在；至美、至堅、至定、但又無從執持。不變化而變化一切；無新無故而更新一切；使驕傲者不自知地走向衰亡；行而不息，宴然常寂，總持萬機，而一無所需；負荷一切，充裕一切，維護一切，創造一切，養育一切，改進一切；隨萬物皆備，而仍不棄置。」❶

相對於遠古的多神教，西方出現的這種一神教無疑是人類文化發展過程中的一個進步。正如本章開始時候所言，人類所追求和珍視的價值離開功利價值越遠，其文化水平就越高。人類宗教在其發源的多神教階段，基本上是物神崇拜，此時的人多以有用之物爲神。換言之，人每認識到某件事物對自己非常有用，便尊之爲神，久而久之，神的數目越來越多，什麼林神、山神、河神、土地之神、太陽之神……等等，總之，凡是與人的衣食住行等切身利益密切相關的事物，都是神靈的化身，都會受到人的崇拜。而當一神教出現的時候，人類不僅已經認識到了各種事物的有用性，並且開始將種種事物分門別類，研究其規律，追問它們的總根源。基督教是一神教其中之一，在它產生時，曾大量吸收了古希臘哲學思想。這時候，柏拉圖的「宇宙的一切都是『理念世界』的影子和由其派生」的學說，亞里士多德的「每一種事物的終極變化原因是『第一推動力』的學說」，都變成基督教教導的有機組成部分，從而使它成爲一種既有希伯萊人的執著，又具希臘人之理性精神的宗教。基督教精神的形成證明了，人類從多神教轉向一神教意味著：從一種純功利的物神崇拜走向一種非功利的對精神主宰的崇拜，這標誌著人類完成了從動物性到理性的大轉變。這個轉變過程無疑是漫長、艱難、曲折和複雜的。必須看到，能做到對這樣一種精神主宰的承認和膜拜，是要具備一定的前提條件：人不僅需要有克制自己動物性慾望的力量，還需要有一定的推理、想像和直覺能力。更重要的是，那些初期的信仰者不僅要說服自己相信有一個萬能的造物主，還必須說服社會中絕大多數的人相信這一點。這最後一個前提條件是要付出血的代價的。歷史證明，基督教的誕生的確與成千上萬的人犧牲在十字架上有關。在基督教誕生前的若干年中，不僅猶太民族內部對一神主宰的體認已經出現過多次反覆，而且還與羅馬異教勢力的入侵做過無數次殊死的搏鬥，最後付出了令人難以置信的巨大犧牲。史書記載公元六六年的「猶太戰爭」就是以猶太人的慘重犧牲爲代價。羅馬在鎮壓了猶太人起義後大批殘殺猶太人，造成「沒有地方再釘十字架，沒有十字架再釘人」的慘狀。死亡和災難是人類的不幸，但卻是一個引發人眞正坐下來，思考世界和自身的最佳契機，這種「機遇」不管對個人還是對一個民族都是一樣的。在人類歷史上的每一次大災大難之後，人類對自身和世界的認識都要發生一個巨大的飛躍。在這種大飛躍的前夕，人們表面上似乎處於「普遍的意志消沉和精神頹廢」中，實際上卻是在痛苦地思考著，對問題的認識，已進入一個更深的層次。當一部分猶太人放下武器，仰望茫茫蒼天時，他們深感到人類自身罪孽深重，靈魂便遠離塵世，與一個更加博大有力的實體會合。就在這種靈魂的洗滌和飛升中，一個全新的猶太教派應運而生，雖然這個教派因爲不主張武裝反抗而受到許多猶太人的排斥，但它的眼光畢竟已更長遠，胸懷也更加寬廣。它面向全世界，不分國家和地區；面向全人類，不分種族、等級和貧富。它及時引導人們從眼前的利益和人際間的摩擦走向共同的信仰；從動物般的相互爭奪和仇殺到文化人的和平共處。這一新生事物誕生時的陣痛是驚心動魄的，但它的意義卻也是劃時代的。

正如現代心理學所證明的，人的智慧與他的整體性觀察能力和體認能力有關。換言之，人的整體性觀察能力越強，他的世界也就越完整。當猶太民族經過血的洗禮之後，他的智者們看到的世界和上帝已今非昔比，這種智慧再加上當時已經相當發達的希臘哲學，便使基督教信奉的上帝成爲一個活生生的、有超凡的智力、高尚的道德和完美人格的個體。這個上帝既創造天下萬物，又掌管天下萬物，在祂的身上，聖父、聖子、聖靈三位一體，祂總是去無跡、來無蹤，其行爲和思想都超出常人的理解。

與這個全能高尚的上帝相比，人，尤其是那些爲爭奪「有用之物」而相互仇殺的人，顯然是相當卑賤的。過去他對這種卑賤視而不見、聽而不聞，如今卻有了深切的認識。這一認識對人來說無疑是一個質的飛躍。人一旦認識到自己的卑賤，就不再想到與上帝平起平坐，虛心地承認自己對上帝之作爲的不可能理解。正是出於這樣一種深切的認識，他才從一開始就指出，人對上帝的態度不應該是在「眼見爲實」時才相信。人的肉眼凡胎既然無法看到，就只能是通過自己的忠實信仰來接近上帝，換言之，只有對上帝信仰者才能接近上帝，不信仰者則遠離上帝。這種信仰要有一個前提，那就是人在上帝（眞理）面前要謙卑再謙卑，而只有當他時時面對上帝的無限，意識到自身的有限時才能眞正謙卑下來。這種謙卑當然不是被迫的，如果是那樣，他一有機會便又會驕傲起來。眞正的謙卑表現爲對上帝全心全意的愛，這種愛發自肺腑、出自眞心，超時間、超空間，其純潔和熱烈超過了對父母兄弟和朋友的愛。

根據我們在前面章節中闡述的道家對「道」的尊崇態度，我們自然會意識到，道家對待「道」的態度，與基督教對上帝的態度有著驚人的相似。我們看到，道家和基督教一樣，都是著眼於一種「遠愛」，這就從根本上解決了文化的問題。在這兒，道和神一樣，只有一個，不管是什麼人，上至皇帝，下至平民；富至百萬大亨，窮至分文皆無者，只要信奉這個「一」，大家都平等。在人與人的關係中，因爲大家都平等，便使得這種關係無跡、無鄰、無義務。因爲其中的功利成分已經被控制到幾近於零，所以人們不用中間人爲媒介就可以和上帝或道直接對話，這樣就在人與人之間造成了一種互不干涉的平行關係。「一」是眞善美的化身，它雖然高高在上，人卻可以隨時接近它；它極爲抽象，卻以自己的具體行爲示範於人，以自己的高尚人格吸引著人，使人們不再以貪婪和妒忌的眼光盯住鄰人，而是學著像「一」一樣寬恕別人並且平等待人。人與上帝或道同在，就能經常保持一種超然脫俗的心境和崇高的境界，只對那些遠離功利的和抽象的精神實體感興趣。

如何克服原罪？

與此同時，道家也與基督教一樣，對人的功利思想表示極度的厭惡。老子認爲，在沒有聖人之前人人都過著素樸的自給自足生活，聖人出現後便煽動起人們的情慾。過度的慾望生出智巧，智巧又反過來教人獲取更多的功利，從而一步步將人引向罪惡的深淵。基督教同樣認爲，人的祖宗——亞當和夏娃原是處於一種混沌狀態，只是因爲吃了知識之果才知道物質對人的「有用」，從而使人只知道追求物質利益而不知其他，所以從此時起人才有了罪，變成天生的罪人，處於永恆的犯罪狀態中。很顯然，道家和基督教在這個問題上又是極爲一致的。

那麼如何解決人的這種犯罪狀態？老子提出了「反者道之動」的自我批判原則，讓人反身向內，不斷克制自己急功近利的慾望，在克制中昇華爲非功利的精神存在。基督教的解決方式則是讓上帝化身爲人，通過耶穌的降生、傳教、受刑、復活等一連串事件，向天下人證明上帝的非功利原則，並在傳播這種原則中讓人具有罪感。「有罪」和「罪感」是兩個完全不同的概念。人從「有罪」到具有「罪感」已經產生了質的飛躍。人類無罪感時只知犯罪，自從有罪感的那一刻起便想到克制犯罪，因而不再犯罪。犯罪者的眼睛只盯住物質利益，爲了得到它而在所不惜；有罪感的人則意識到這是一種犯罪，自然生出對它的一種反抗意識。因此，有了罪感之後，人才有了希望。罪感是人的一個高級特性，不是生活在任何文化環境中的人都能得到的。西方基督徒的強烈罪感，不單純來自於基督教傳教士們不懈的傳教活動，還來自對耶穌因堅持「反者道之動」原則時所遭受的恥辱和受刑的體驗。

耶穌對功利的反向意識表現在他一生中每一個細小的活動中。根據聖經的某些記載，耶穌自受洗後便突然有了覺悟：「耶穌從約旦河裏出來，天開了，一下子變成一個有覺悟的人。」（馬可：一・九）於是便開始傳教。這種覺悟是什麼呢？從他傳教的內容和方式來看，那就是反功利。他堅定地認爲，人要成爲上帝希望的那種人就必須停止物質追求，並與這種物質追求造成的各種習慣和習俗徹底決裂。他向教徒們這樣說：「沒有人能夠同時伺候兩個主人，你們不可能同時作上帝的奴僕，又作金錢的奴僕。」（馬太：七・三）他還動員人們對功利心造成的種種弊病做不懈的鬥爭，這些弊病包括：愛起誓、愛把眼睛盯住鄰人，與他們攀比、向他們施捨和誇耀而不願自我批評和自我反省等。他尖銳地批評那些以不正當的動機施捨的人：

你們施捨的時候不要大吹大擂，像那些僞善的人在會堂裏或在街道上做的，爲要得到別人的誇獎。

——馬太：六・二

又說：

你爲什麼只看見自己兄弟眼中的木屑，卻不管自己眼中的大樑呢？你這僞善的人，先把你眼中的大樑移去，才看得清楚怎樣把你兄弟眼中的木屑挑出來。

——馬太：七・三

又說：

古訓說：「不可背誓，在主面前發的誓必須履行。」但是我告訴你們，你們根本不可背誓。是，就說是；不是，就說不是，再多說便是出於邪心。

——馬太·五·三三

很明顯，耶穌的這些言論與老莊對世人的規勸具有異曲同工之妙。老莊用不同的語言表達了同一種意思，那就是：善行無轍跡。

耶穌的反向意識還表現在不尋常的傳教方式中。下面的幾個故事是人所共知的：

一天，經學教師和法利賽帶來一個女人，對耶穌說：「她是在行淫時被抓住的。摩西法律命令我們，這樣的女人應該用石塊擊死。你認爲怎樣？」耶穌不答。他們不停地問，耶穌只好站起來回答：「你們當中誰沒有犯過罪，誰就可以先拿石塊擊她。」他們聽見這話，就一個個溜走了。耶穌問那女人：「他們都那去了？没有人留下來定妳的罪嗎？」婦人說：「先生，没有。」耶穌說：「好，我也不定妳的罪。去吧，別再犯罪！」

很顯然，耶穌強烈的反向意識容不得任何搬弄宗教教條的做法，更不允許以這些教條來束縛人的手腳。他重視的是人自己的悔過，並通過這種「悔過」獲得一種罪感意識。很顯然，這與道家尊崇的「衆人說是，我偏要說不」的反抗意識是一致的。

耶穌竟敢與一個人人都討厭的稅吏交朋友。按照猶太教義，只有上帝才可以徵稅。一個猶太人爲羅馬徵稅，那是最不義的行爲。因此人們見了稅吏都唯恐躲之不及。然而耶穌卻絲毫不爲這種世俗所左右，依然與這個稅吏交往，不僅主動地與他說話，還在他的家裏住了一夜。

——路加：一九·一

耶穌騎一頭小毛驢，進入耶路撒冷，到了那兒的聖殿後，見到那兒已成集市，農產品、牛羊、祭神用的鴿子、繳稅的銀幣等，樣樣都能買到換到。耶穌見狀，便拿起繩子做了一條鞭子，把兌換銀錢的桌子推倒，把賣鴿子的人趕走，喊道：「把這些東西搬走，不要把我父親的聖殿變做市場。」

——約翰：二·一三

這一故事說明，基督教的教義和老子一樣，都是農耕文化的代表。這種文化與見利忘義、唯利是圖的行商活動是針鋒相對的。老子和耶穌一樣，對這種功利活動的反抗是毫不留情、不留一點餘地的。

耶穌的種種反世俗、反教條、反功利的行為，為自己帶來了麻煩，最後終於被人抓住把柄判為死罪，被釘在十字架上。上帝派耶穌到世界上來傳播反抗精神，最後又讓他遭受極刑而死，就是要讓人們知道，反功利和反世俗並不是一件容易和輕鬆的事情，要奮鬥就要有犧牲，但即使如此也是值得的。假如人只知道人云亦云、隨波逐流，就會永遠停留在愚昧的狀態，犯了罪而不自知。與其渾渾噩噩，不如被猛擊一棒，這樣雖有些痛楚，也比不死不活強。耶穌以身試法，就是給世人以榜樣。他告訴人們，只有通過這種方式才能贖罪；只有通過這種痛苦的方式贖罪之後，才能眞正告別俗我，與功利的追求一刀兩斷；只有毫不猶豫地與功利的自我一刀兩斷，才能得到一種全新的生命，這就叫復活。

耶穌受刑後的第三天，他復活了，而且出現在許多人中間。看見了復活的耶穌，他頹喪的門徒們頓時活躍起來，恢復了對上帝的信心。這時的耶穌，已成了他們實現的「理想」，成了他們心目中一個永生的、無畏的領袖。這一事實對基督教傳播耶穌的反功利和反世俗精神尤其重要。當這種只尊一個神的基督教進入西歐之後，便以破竹之勢擊敗了其他信奉多神的宗教，並很快像燎原的烈火一樣，在世界各地傳播開來。基督教的廣泛傳播和深入人心，其實是完成了人類文化建設的千秋大業。這個大業單靠「仁政」或單靠嚴厲的行政命令或法制，都是難以成功的。在中國，孔子本想造就一個充滿仁愛的社會，但由於他的起點是「近愛」，就不自覺遷就了人性最薄弱的部分。在把主要的對手避開的情況下，他自己當然就不需要像耶穌那樣去壯烈犧牲，然而這樣一來，卻不能把人類那急功近利的心作根本的扭轉。所以孔子儘管窮盡畢生精力，又有七十二名弟子的幫助，所做的事仍然是小打小鬧，終不能成功。後人稱孔子的學說為儒教，這是一個誤會，因為儒家的所做所為離眞正的宗教精神還相去甚遠。

至於老子，正如前面已經說過的，其學說中的反世俗、反教條和反有跡的精神，與基督教比較並不遜色。老子《道德經》八十一章，章章都在傳達「反者道之動」的基本文化原則，這說明，他也和耶穌基督一樣，試圖完成一種文化的建設。然而不幸的是，老子的學說沒有在百姓中得到廣泛的傳播，其中的一個原因是孔子的儒家學說更迎合了普通人的功利心理，所以無形中對老子學說的廣泛傳播造成了阻力，又加之孔子的學說為歷代統治者所欣賞，這樣就使所有文化的大權，包括解釋老子的大權，落到了儒家文人的手裏。他們在闡釋老子時，或是歪曲老子的原義，或是只取對儒家思想傳播有利的部分，所以當老子思想傳到民間時，往往改變了原來的樣子。老子體系中最能爲統治者和一般平民所接受的，也是他們認爲最有用的部分，就是爲他們所熱中的「長生之道」。後來出現的尊老子爲神的道教，其基本的追求就是長生不老。但是，對於那些在精神的基本傾向方面與道背道而馳的人來說，長生之術是毫不起作用的。老子的確提到過長生之道，但其基本前提是反功利，做不到這一點就等於失去了長生的基礎，成爲空中樓閣。在中國道教中，之所以修煉者多、成功者少，其根本原因就是大多數人只是爲了功利（長生）才去反功利，如果爲長生而做的「投資」，短時期內得不到利潤和收穫，人們就會自動放棄修道的追求。這也許就是老子「反」的精神不能在道教中得到徹底貫徹的根本原因。

黃河鯉是怎樣成龍的？

在中國，老子思想得到徹底貫徹的事例只能在藝術和神話故事中得到，如在民間廣泛流傳的鯉魚變龍的故事便是其中之一。這個故事告訴我們，在黃河中曾經生活著一種奇怪的鯉魚，這種魚的與衆不同之處在於牠們總是逆水而上。在黃河中，那兒水深流急，牠們就在那兒出現；那兒可以逆水而上，牠們就越是興奮。在一般人看來，這無疑是傻子的舉動。「黃河之水天上來，奔流到海不復回。」在如此湍急的水流中逆流而上，豈不是白費力氣？再者，黃河的上游又多是寸草不生、乾旱貧瘠的黃土高原，顯然不是適合鯉魚生存的快樂家園，然而鯉魚們似乎不考慮這些，只把逆流而上看作是自己生活的目的和動力。說也奇怪，牠們每逆水上行一步，體內那對抗激流的力量也就增加一分。有些鯉魚終於游到黃河上游的龍門，那兒雖然山高流急，游到這兒的某些鯉魚卻能一躍而過。在牠們騰身躍過龍門的瞬間，便變成了一條騰雲駕霧、自由馳騁於天地之間的神龍。

這鯉魚變龍的故事和耶穌成神的故事顯然有著異曲同工之妙。這條神龍處處充滿了道家「反者道之動」的精神，牠是中國文化的代表，是中國人的創造性想像，也寄託了中國人政治和美學理想，體現了中國人的文化追求。從美學的角度看，龍的形象所具有的下述兩個特徵與道特別相似：

㈠ 龍的身軀長而曲，遠遠看去，就像是一條充滿張力的曲線。這條曲線欲上而下，欲左而右，前曲後張，頓挫抑揚，上下翻騰，從容自如，飄逸瀟灑，傲嘯長空。每一個稍有審美欣賞能力的人都能看到，與其說牠是一條具有固定形狀和功能的血肉之軀，不如說牠代表了一條抽象而不是具體的；連續悠長而不是斷續不接的；變化自如而不是固定不變的；充滿活力而不是呆板僵化的大線條和大過程。根據中國民間的一些傳說，龍的行爲的的確確也具備一種「過程」的特徵：牠神出鬼沒，倏無定處，亦無定形，上可達九天，下可至海底；牠能大能小，隨意變化，能伸能縮，隨心而欲；牠呼風喚雨，噴雲吐霧，呈現時光彩奪目，一閃即失，消失時鬼神不覺，無影無蹤。這種長長的，永不確定的和永在變化的過程，不僅與一切具有固定的形狀、特定的習性、確定的功能和穩定的住處的實體恰成對立，也與那作爲哲學範疇而被思考的「結果」相對立。

㈡

從龍的構造來看，牠又是多樣性統一的典型。在龍的身上，集合了我們能看到的許多重要動物的特徵。舉例說，牠的身軀像是一條大蟒，但又不是一條大蟒；牠頭上的角像鹿角，卻又不是鹿角；牠的頭像駱駝，但又不是駱駝；牠的眼睛像牛眼；牠的爪子像鷹，但又不是鷹；牠的掌像虎掌，卻又不是虎；牠有大魚的鱗，但又不是魚；牠的肚腹像蛇，但又不是蛇。牠究竟像什麼，誰也說不出來；牠究竟不像什麼，誰也不知道。牠給我們那樣繁多的印象，但沒有一個印象是確定的；牠把天下雄奇動物的特徵都集於一身，看上去那麼和諧而統一；牠讓我們在凶猛動物的叢林中遊歷一番，卻感到渾身有說不出的舒服；牠把美的和崇高的、理想的和現實的、嚴肅的和幽默的、正經的和怪誕的全都統一爲一體。

與龍的故事相類似的，還有道教故事中八仙之一的張果老。據說，張果老在成仙前是一個賣果子的，用現在的話說，就是擺地攤的小商小販。但令人驚奇的是，雖然他自己沒有固定的職業和穩定的生活保障，卻常常出手大方，動不動就拿出錢來救濟別人。他是個小商，商人不管大小，多少都有點唯利是圖，以賺錢爲榮，但張果老卻偏偏反其道而行之：他雖然經商，卻不看重錢，只要有點本錢就滿足了，再有了多餘的錢，便拿出來給那些急等錢養家餬口的窮人。這種可貴的反向意識顯然是他成仙的基礎。更爲有意思的是，他在成仙後更顯得一無所有，只是整天倒騎著一頭小毛驢，悠哉悠哉，四處逍遙。然而這位仙人爲什麼要倒騎毛驢？這顯然又是令普通人難以理解的行爲。毛驢是古代人和現在邊遠地區的人常用的一種交通工具，人之所以喜歡騎牠，是因爲牠安全可靠，可以馱著人，更快、更省力地到達目的地。然而張果老對此卻好像充耳不聞、視而不見，只是自行其事地倒騎毛驢，悠哉悠哉地前行，好像他騎毛驢既不是爲了安全可靠，也不是爲了省力圖快。他到底要到那兒去？去幹什麼？別人無從回答，他自己可能也不能回答。他也許根本沒有想到過騎毛驢是爲了快點到達某個固定的去處，不然的話，他那能倒騎毛驢，既不看方向，也不管行進速度。

張果老這一奇特的行爲，其實是以一種最直觀的方式向人們透露成仙的玄機：人既然生活在這個功利的世界上，就不可能不做事情。但要想成爲一個有文化和有審美快樂的人或一個仙人，就要在「做事情」（爲）的同時背叛功利目標，對一切爭奪權利或急功近利的行爲給予蔑視，就像倒騎毛驢而不屑於看前面的目標一樣。張果老的行爲滑稽幽默，讓人看了既想發笑，又受到莫大的啓發，所以它本身就像是一幅偉大的藝術作品，只不過這幅作品是用人的行爲寫成的。

在黃河中成龍的鯉魚和倒騎毛驢的張果老，顯然都是在悲壯的反向活動中積聚了生命之力，並在突變中成了神。他們的故事雖然都是以喜劇結局收尾，但故事自開始到結束都是以一種悲壯而又崇高的反世俗活動爲主。然而可悲的是，這些悲壯的故事一到儒家先生的手裏，便通篇被歪曲，最後成了喜劇故事。人們能夠從這種被改造的故事中看到的，只是那最終的喜劇場面，無怪乎龍的形象最後被皇帝老兒們選中，成了皇帝的專利。可以想像，如果這些皇帝老兒知道做一條龍是那麼難，他們也許早就打退堂鼓了。

這一可悲的事實使我們不得不好好想一想我們文化的一些缺陷。它使我們想到，人僅有反世俗的精神還是不夠的，如果僅停留在這一步，文化不僅不能達到一個更高的層次，反而會在某種巨大的阻力下中途變形。與西方耶穌受難的悲劇場面相比，鯉魚的變龍和張果老的成仙，明顯處於一種不同的精神層次上。耶穌是以悲壯的死作爲他一生的結局。耶穌在死前猛烈地衝擊著頑固的猶太教舊勢力，他明明知道自己這樣做的結局是死，可還是要這樣去做。死對他來說，是「要實現先知在聖經上講的話。」（馬太：二六・五四）耶穌臨死，他的門徒有的背棄、有的走散，最後只剩下一個留在十字架前；他的親人也只有四個，這情景是夠淒涼的了，然而這種悲劇結局所達到的崇高的精神高度，是任何形式的人間喜劇都無法企及的。悲劇中的崇高是在非和諧及毀滅中達到的，在這兒，靈與肉的衝突剛剛達到高峰便結束了。很明顯，這種形勢只有當一個人面對一種與自己相比強大得極不相稱的力量，並毫不退讓時才有可能出現。這種悲劇展示給我們的，是一種已歷盡艱險和已看到人世間最醜惡的事，因而不再害怕什麼的表情。這當然是一種相當平和的表情。有了這種平和的表情，就說明這人的意志如鐵，不可動搖。這種表情似乎還在告訴人們：雖然我沒有取勝，但我已經盡了力，失敗與屈辱又算得了什麼。它能告訴人這麼多深層的東西，難怪一個有文化素養的人對它是那樣嚮往，嚮往得如醉如痴。

黃河的鯉魚同樣是具有這種悲劇精神的。但可惜中國的文化人受儒家思想影響太深，骨子裏總希望出現喜劇的結局，所以雖然對悲劇嚮往，對其認識卻只能停留在一個淺薄的層次。而一旦臨到讓自己做悲劇人物，那是要頗費些周折的。試想，這些人本想齊家治國平天下，到頭來卻半路夭折，被人砍頭，他們說什麼也轉不過這個彎來。所以中國文化人塑造的英雄多數都是打不敗的，如果被打敗了，那便是寇，不再是英雄。

也許現在該是對這種以「非英雄即賊寇」爲典型特徵的喜劇文化提出懷疑的時候了。

註釋：

❶《文史知識講座》，第三三期，中央黨校文史教研室編。

結語：功利心與文化——一盛則一衰

文化起源於從狩獵型向農耕型轉化期中，人類急功近利心的減退。文化的興旺發達來自於人以非功利心觀察自身和世界時，對其種種深層特徵和性質的發現，當人試圖將自己的發現用文字和符號表達出來，並將它們傳給別人時，便出現了藝術和知識。當這些深刻的觀察、發現和感受傳給整個社會，這個社會便成了一個有文化的社會。文化在發展的過程中自然會導致人的物質財富大幅度增長的積累，當財富積累到一定的程度時，商業便發展起來。一個奇怪的現象是，商業的發展有時有利於文化的發展，有時又不利於文化的發展。例如，商業的發展首先是爲有形的物質財富定下確定的價值，然後又爲無形的知識和藝術感受等定下確定的價值，從而使知識和非功利的審美活動染上了功利的色彩。當知識和藝術的功利價值越來越確定時，文化便開始衰落。

如果社會中沒有一種健康的反向作用力對抗這種發展趨勢，就會造成一種惡性循環。對於這種惡性循環，我們可以用文物考古中的例子說明古人在文化的覺醒期，將自己對這個世界，以及對人自身的發現，用文字符號和具有特殊形狀的器皿和工具等表達出來。這些東西一旦經過數千年的沉睡後被發掘出來，便成了「寶貝」。然而這「寶貝」二字，在現代商人眼裏和在那些具有很深文化修養的考古學家那兒，是有著不同含義的：在前者那兒是有價之寶，在後者那兒是無價之寶。考古學家的文化素養使他們一看到古物時便看到了某個時代古人的知識水平、審美意識、風俗習慣等文化風貌。這些東西本來是只有一次和不可復現的東西，現在卻因得到這些古物而得到復現，所以這些古物就顯得極爲珍貴。按照這些文化人的意見，這些東西是不能定價和出賣的，它們屬於整個民族，只能放到博物館中展覽。而商人們就不同了，他們越是知道這些東西的重要性，就越是要把它們變成一種具有確定價格的商品，以便在轉賣中發財。這種商品雖然價格很高，但畢竟是有價的。一旦被商人們買到手，被擱在私人的寶庫裏，這些本身很有價值的東西便成了貨幣。它們被等同於一打子紙造的錢，其本身再也沒有價值。換言之，原來它們傳達給考古學家的那些意義和富有意味的形式不見了，剩下的只是代表商品價格的數目字。

商人爲了錢財肯出高價錢，反過來又刺激了某些沒有文化的農民的發財慾，於是紛紛出動，大肆挖掘古墓，使大批文物遭到破壞，因想得到珍貴文物而引發的流血犯罪事件更是層出不窮。事情發展到這個地步，一件本來可以引起強烈的審美享受和文化思考的事物，便被轉變成一種引起人與人之間仇殺和爭奪的血跡斑斑的東西。正如那些光芒四射、美麗無比的大珍珠和大寶石，總是爲那些試圖佔有它們的人帶來災難一樣。在商品時代裏，不僅當初人們認爲有用的事物變成了有固定價格的商品，人們當初認爲無用的事物，如文學、繪畫、教育等，也都染上了功利的色彩，打上了商品的烙印，從無價的價值轉變爲有價的價值。這時候，人們所崇拜的不再是神靈，也不是種種對人基本生存極其有用的事物，更不是種種給人生出審美快樂的無形價值，而是商品和貨幣。「我們本身的產物聚合爲一種統治我們的、不受我們控制的、與我們的願望背道而馳的，並抹殺我們的打算的物質力量。」[1]

在商業時代，審美感受的遭受摧殘是最觸目驚心的一幕。它之所以使人吃驚，是因爲此時引起人的審美感受的，往往不是正常的人在正常的情況下看到的美好東西，而是他們認爲最醜的東西。「我是醜的，但是我能夠爲自己買到最美麗的女人。所以我並不醜，因爲醜的作用以及它使人見而生厭的力量，被貨幣化爲烏有了。」[2]

金錢不僅使醜的變成美的，也把美的變成了可以出賣的醜的東西。所謂醜的，就是一種使人見而生厭的力量。舉例說，在正常情況下，一個純潔美麗的少女如果出於愛情和一個青春年少的男子結合，這種行爲在人看來是合情合理的，也是和諧美好的。但是，當她因爲金錢和一個與她爸爸同齡的老人結合時，人們就覺得噁心，認爲其行爲是醜的。但是這個少女自己並不以爲醜，可見她的個性和人的尊嚴已經喪失，反而被一種與其個性和人格完全相對立的力量所駕馭。當物變成商品的時候，那些有文化的人還可以忍受，但是當人把自己的靈魂出賣，然後把自己也當成商品的時候，他們就覺得忍無可忍了。然而十分不幸的是，這種現象在商品流行的時代是十分普遍的。在美國的紐約，「飯店老闆能夠指著某個人說：『這個人一年值十萬美元』並且深信，他向你描繪了這個人的完整形象。」同樣，在商品意識氾濫的當代大陸農村，給人介紹對象的人會指著一個漂亮的姑娘說：「這個姑娘有一百二十斤體重，每斤的價格是五十元。」如果一個姑娘稍微胖一點，他們就會說，「這個胖姑娘的體重已達到一百五十斤了，所以每斤的價格只能是二十元。」看，他們爲一個活生生的人定的價格是多麼準確！但事實上，隨著人對本身價格的精確估定，人作爲人的寶貴價值也消失了，人身上原來具有的那些文化因素完全消失了，美與醜也完全顚倒了。這樣一種顚倒，歸根結柢是人的個性和人格的顚倒。

這種顚倒幾乎滲透到了文化的每一角落。一個目不識丁但腰纏萬貫的人，可以驅使那些滿腹經綸的知識人爲其賺錢事業服務；一個頭腦空空、不學無術，但有足夠金錢賄賂權貴的人，可以立即得到博士教授的頭銜；一個人畫的畫雖然低劣得不堪入目，但只要有錢，就有人爲其提供展覽，還有人專門爲其吹喇叭抬轎子；一個專門以褻瀆藝術爲職業的人，可以一夜之間成爲某本暢銷書的大作者；一個嚴肅對待學問和藝術的人則處處受到刁難和冷落，不得不在街頭擺攤，自己去賣自己創作的書。「有錢而沒有頭腦是完全正常的，但是有頭腦而沒有錢就會引起憐憫和蔑視……，金錢是檢驗人的品質的精確量規。」❸

這種種顛倒是否能通過教育再顛倒過來？

這顯然值得懷疑。因爲教育同樣是文化的重要組成部分，在這個商品社會裏，教育文化同樣也面臨著被顛倒的厄運。

這種顛倒表現在教育內容上，就是教育科目的重工輕理、重理輕文的現象；表現在教育方法，就是塡鴨式的滿堂灌和種種與拔苗助長相類似的手法。

在一個具有濃厚文化色彩的社會裏，人們都清楚，物質的享受帶給人的快樂是極有限的，精神的享受卻是無限的。在銀行裏存有用不完的錢固然能給人帶來快樂，但這種快樂最多不過來自一種安全感；吃一頓美餐人感到很滿足，但這種滿足僅來自於味覺的愉快；人們追求一種小康生活固然可以吃好穿好住好，使自己在銀行裏有存款，但這些東西帶給人的快樂終究是很有限的。高級和無限的快樂來自於文化領域和審美心理領域，但是，要開發文化領域和審美心理領域，僅靠工科和理科的教育是不夠的。科學的發展固然可以使人們佔有電視、擁有錄音和錄影機，還可讓人進入豪華的歌廳和現代的舞廳、讀到現代化印刷技術印出的讀物，但是如果沒有一大批具有高度文化水平的作家和藝術家，誰來向人們提供足以引起審美快樂的作品？如果沒有發達的文藝理論和其他社會科學方面的理論，又怎麼期望出現文化水平很高的作家、藝術家、導演和編劇？

然而在一個急功近利味道很濃的社會裏，人們的視線全被金錢和功利的迷霧擋住了。人們願意讀大學，但不願意讀文科大學，因爲文科大學畢業後掙不到錢；人們願意讀文科中的經濟學，不願意讀哲學和文學，因爲經濟學與金錢的密切關係非文學和哲學所能比。這樣一來，中學畢業生中的所謂優等生們全進了理工科大學，讀文科的學生被說成是智力較弱者。如果眞是這樣，社會科學領域必將被社會中的弱智者把持，人們還有什麼希望能得到那比飲食住行的快樂更高級的審美心理快樂呢？如果這種被顚倒的教育不被糾正，這種文化的惡性循環何時才能得到解決呢？

表現在教育方法上，學生自小便是在一種急功近利的氣氛中學習的。在家長是望子成龍，對自己的孩子不是動之以情，卻常常是曉之以利；在教師是塡鴨式、滿堂灌和拔苗助長，目的是爲了提高升學率；在有些學生則是通過弄虛作假、猜題背題、相互抄襲、找人代考等種種捷徑，窮於應付，在這種功利大環境下讀書，學生當然不能按照以往的自然秉性汲取知識。每當孩子們按照自己的自然秉性和節律去探索時，便受到家長、老師、朋友們的訓斥和指責。他們只能快快成名、快快成家、快快掙錢，更爲可悲的是，所有的拔苗助長者，不僅意識不到這是一種自我欺騙，反而還洋洋自得，因爲自己進入著名大學而自命不凡。很顯然，這種省略了自我探索過程的教育是違背教育本意的。教育的目的是使人有文化，結果得到的人才是反文化的，到後來不僅知識有了確定的價格，連擁有知識的人本身也有了價格。爲了儘快提高自己的價格，什麼樣的坑矇拐騙手段不能使用呢？

中國文化的現狀令人憂心。技術是可以進步的，但文化不一定隨著經濟和技術的進步而進步，有時必須回首傳統才能找回自己。但是，傳統又總是通過被置於生活的法庭上而尋求自己的重生和重出，使自己重新得到認同。傳統價值需要在今日的社會得到承認，得到每個人的要求、嚮往和欣賞，沒有這樣一種前提，這種價值系統只能是思想博物館裏的一件展品或只能停留爲一種奇想。一種傳統要想指導今日人的行爲，其價值必須置根於今日的環境中。由此我們又想到我們正在從事的現代化。現代化不全是對過去的拋棄，有時候它還有可能是對過去的全盤接受，但只有當對過去傳統的接受是有意識、現實的和經過批判性的重新審查和確認時，傳統價值才能在現在的環境中重新獲得存在的理由。現代化的本質是承認現今的生活情勢和現象在更新的現象中得到復習和改造，而對傳統制度和價值系統的接受，最終是要維持生活的各個層面和各種現實之間的最大和諧與平衡。從本質上說，現代化是帶著一種取得這種平衡的觀念去改變文化的一種永恆的準備。我們正是懷著這樣的意圖，期待道家傳統在現代化的進程中做出應有的貢獻。

註釋：

❶《馬恩全集》，第三卷，第三七頁。

❷馬克思：《一九四四年經濟學——哲學手稿》。

❸L．格科：《美國精神的危機》，莫斯科，一九五八年，第七二頁。

道與中國文化　（揚智叢刊20）

著　　者／滕守堯
出 版 者／揚智文化事業股份有限公司
發 行 人／林智堅
副總編輯／葉忠賢
責任編輯／賴筱彌
執行編輯／勤梅君
地　　址／台北市新生南路三段88號5樓之6
電　　話／(02)366－0309　366－0313
傳　　眞／(02)366－0310
登 記 證／局版臺業字第4799號
印　　刷／偉勵彩色印刷股份有限公司
法律顧問／北辰著作權事務所　蕭雄淋律師
初版一刷／1996年10月
ＩＳＢＮ／957－9272－72－7
定　　價／180元

南區總經銷／昱泓圖書有限公司
地　　址／嘉義市通化四街45號
電　　話／(05)231－1949　231－1572
傳　　眞／(05)231－1002

國家圖書館出版品預行編目資料

道與中國文化／滕守堯著. --初版. --臺北市
；揚智文化, *1996*〔民*85*〕
面；公分. --（揚智叢刊；*20*）
ISBN 957-9272-72-7（平裝）

*1.*道家　*2.*中國-文化

541.262　　*85008010*